ALIANÇAS ELEITORAIS

casamento com prazo de validade

Aline Machado

ALIANÇAS ELEITORAIS

casamento com prazo de validade

O CASO DAS COLIGAÇÕES BRASILEIRAS

ALTA BOOKS
EDITORA
Rio de Janeiro, 2018

Alianças Eleitorais — Casamento com prazo de validade

 ISBN: 978-85-508-0262-6

Impresso no Brasil.

Obra disponível para venda corporativa e/ou personalizada. Para mais informações, fale com projetos@altabooks.com.br

---

Copidesque
Eloisa Beatriz de Sousa

Editoração Eletrônica
Estúdio Castellani

Revisão Gráfica
Edna Cavalcanti | Roberta Borges

Produção Editorial
Elsevier Editora - CNPJ: 42.546.531./0001-24

Erratas e arquivos de apoio: No site da editora relatamos, com a devida correção, qualquer erro encontrado em nossos livros, bem como disponibilizamos arquivos de apoio se aplicáveis à obra em questão.

Acesse o site www.altabooks.com.br e procure pelo título do livro desejado para ter acesso às erratas, aos arquivos de apoio e/ou a outros conteúdos aplicáveis à obra.

Suporte Técnico: A obra é comercializada na forma em que está, sem direito a suporte técnico ou orientação pessoal/exclusiva ao leitor.

A editora não se responsabiliza pela manutenção, atualização e idioma dos sites referidos pelos autores nesta obra.

CIP-Brasil. Catalogação-na-fonte
Sindicato Nacional dos Editores de Livros, RJ

M129a Machado, Aline
Alianças eleitorais : casamento com prazo de validade : o caso das coligações brasileiras / Aline Machado ; tradução Sabine Holler. – Rio de Janeiro : Alta Books, 2018.

Originalmente publicada como tese com o título "Teses sobre coligações eleitorais no Brasil" escrita em inglês pela autora
ISBN 978-85-508-0262-6

1. Partidos políticos – Brasil. 2. Coligações partidárias – Brasil. I. Título.

11-5618. CDD: 324.20981
CDU: 329(81)

ALTA BOOKS EDITORA

Rua Viúva Cláudio, 291 — Bairro Industrial do Jacaré
CEP: 20970-031 — Rio de Janeiro - RJ
Tels.: (21) 3278-8069 / 3278-8419
www.altabooks.com.br — altabooks@altabooks.com.br
www.facebook.com/altabooks

Este livro é dedicado às pessoas que acompanharam e ajudaram, de uma forma ou de outra, no árduo trabalho de pesquisa e análise de dados: minha família, meus professores e amigos próximos. Agradeço a Vera, Helio Machado e Renata Machado; a Zeny Moraes e Euclides Moraes (*em memória*). Agradeço imensamente a Guenadi Milanov; aos professores e amigos David Fleischer e Timothy Power; e aos amigos e companheiros de trabalho da TV Câmara e da Florida International University.

Agradecimentos

Algumas pessoas foram cruciais para o desenvolvimento do meu PhD. Agradeço à Guenadi Milanov por sua infinita dedicação e paciência. Também sou grata aos professores e amigos Tatiana Kostadinova, Richard Olson, Timothy Power, Nicol Rae, David Fleischer, Vivaldo Sousa, Eduardo Nakano, Claudete Rocha, Rezwan Hussein, Gaye Gungor, Silvana Krause e Rogério Schmitt.

Prefácio

Em 2003, enquanto fazia minha pesquisa de campo no Congresso Nacional brasileiro (ritual quase anual para mim), meu colega David Fleischer, professor da Universidade de Brasília, pediu que me encontrasse com uma jovem repórter da TV Câmara. Segundo ele, a jornalista Aline Machado havia concluído uma excelente tese de mestrado no Departamento de Ciência Política da UnB e estava pensando, então, em fazer doutorado no exterior. Em matéria de talento acadêmico, sempre respeitei as opiniões do Professor David (que conheço desde 1984) e, naturalmente, aceitei conversar com Aline. Como fruto desse primeiro encontro em Brasília, Aline desembarcou em Miami em agosto de 2004 para começar o doutorado em Ciência Política na Florida International University – FIU. Aline foi recebida de braços abertos não somente por mim e pelos meus colegas, mas também pelo Furacão Frances, que quase destruiu a cidade com seus ventos de 200 km/hora, levando Aline a se abrigar na minha casa logo na primeira semana de aula. Em Miami, o batismo de fogo costuma ser um batismo de vento, acompanhado de longos blecautes.

Na FIU, o diálogo travado com Aline na sala de aula sempre foi frutífero. Para mim, era um privilégio contar com uma aluna brasileira tão bem informada, que vivia "apartando" (como dizem no plenário da Câmara) minhas afirmações sobre o sistema político brasileiro. Aceitei tranquilamente minha reeducação. Só consegui dar o troco uma vez, no dia 15 de fevereiro de 2005, quando entrei na sala de aula para anunciar que Severino Cavalcanti acabava de ser eleito Presidente da Câmara, e Aline — funcionária concursada que mal podia imaginar sua querida Casa sob tal "chefe" — jurou várias vezes que eu estava brincando (e não estava). Entre inúmeros seminários e muita leitura obrigatória, Aline começou a traçar um projeto muito interessante, que visaria explicar por que os partidos brasileiros entram (e não entram) em coligações eleitorais. O momento era muito proveitoso, pois ainda estava em vigor a chamada "verticalização", regra imposta pelo TSE que obrigava a congruência entre alianças nacionais e subnacionais. Sob o ponto de vista metodológico, a decisão do TSE foi praticamente um presente de Natal para Aline, já que lhe ofereceu um "experimento natural" – no qual seria possível investigar até que ponto as instituições eleitorais influenciam o comportamento partidário (a verticalização foi mantida apenas nas eleições de 2002 e 2006).

Infelizmente, convivemos em Miami durante apenas um ano, pois logo aceitei convite de Oxford em 2005, deixando os EUA. Mas nosso diálogo acadêmico foi mantido nos congressos internacionais, via telefone e Skype e ainda por meio de encontros pessoais em Miami, Oxford e Brasília. Acompanhei o desenvolvimento do projeto da Aline, que foi aprimorado sob a orientação do meu colega da FIU, Professor Richard Olson. O projeto logo virou uma tese de doutorado. Em 2007, Aline teve de encerrar sua licença e voltar para Brasília, onde assumiu, mais uma vez, suas funções na TV Câmara.

Agora, um *fast forward* para dezembro de 2010, quando tive a honra de ir a Miami para participar da banca de defesa da tese. O leitor do presente livro tem em suas mãos uma versão revisada dessa mesma tese, então não entrarei numa longa descrição da obra. Suas virtudes são muitas: um projeto de pesquisa bem concebido e executado, com metodologias sofisticadas e ancoramento teórico invejável na literatura sobre coligações. Trata-se do primeiro livro no Brasil a tratar intensamente da formação de coligações eleitorais. É a única obra que aproveita o experimento natural da "verticalização", o único projeto de pesquisa sobre coligações eleitorais a contar com indicadores de ideologia para todos os partidos políticos, mesmo os nanicos. Ao incorporar *insights* das várias literaturas sobre ideologia, regras eleitorais, tamanho dos partidos e tamanho dos distritos eleitorais, o presente livro é a primeira obra a desenvolver um modelo autenticamente multidimensional para explicar o comportamento coligacionista dos partidos brasileiros. Principalmente, o livro canaliza as principais características de sua autora: curiosidade intelectual, determinação, persistência e profissionalismo.

Timothy J. Power
Oxford
junho de 2011

Sumário

Sumário de figuras

Sumário de tabelas

Sumário de gráficos

Material complementar em

www.altabooks.com.br (busque pelo título do livro).

APÊNDICE I — Coligações eleitorais por estado, eleições proporcionais para a Câmara dos Deputados (1990-1996)

APÊNDICE II — Magnitude distrital, eleições proporcionais para a Câmara dos Deputados (1990-2006)

APÊNDICE III — Pontuações de ideologia partidária, de 1 (esquerda) para 10 (direita)

APÊNDICE IV — GOV, variável de controle
Partidos com candidato a governador na eleição simultânea majoritária (1990-2006)

APÊNDICE V — Coligações eleitorais minimamente vitoriosas por estado, eleições simultâneas para deputado federal e governador (1994-2006)

CAPÍTULO 1

Introdução

Desde o retorno à democracia, em 1985, os políticos brasileiros têm recorrido com frequência às coligações eleitorais (listas partidárias conjuntas) para eleger representantes. Um quebra-cabeça, com dimensões teóricas e práticas significativas, se apresenta: o que leva os partidos políticos brasileiros a formar estes cartéis eleitorais? De modo geral, por que os partidos brasileiros muitas vezes coordenam suas estratégias eleitorais formando alianças, com poucos candidatos concorrendo de forma independente?

Intrigados com esse enigma, estudiosos examinaram as eleições para a Câmara dos Deputados[1] e se debruçaram sobre variáveis institucionais – como o tamanho do partido e a magnitude do distrito (o número de cadeiras em disputa no estado). Esse foco analítico é lógico porque o atual sistema de representação proporcional (RP) de lista aberta soma todos os votos dos partidos e candidatos dentro da coligação. Logo, partidos pequenos têm mais chance de vencer ao se aliarem a outros (Schmitt, 1999; Machado, 2005; Braga, 2006; Sousa, 2006). Além disso, como é mais difícil eleger representantes em mag-

[1] Uso "Câmara dos Deputados" e "Congresso" para me referir às eleições proporcionais para deputado federal.

nitudes menores (Taagepera e Shugart, 1989), os partidos tendem a formar alianças nestes estados (Schmitt, 1999; Machado, 2005; Sousa, 2006).

No centro dessas duas proposições, encontra-se a implicação de que as coligações são função das regras eleitorais. No Brasil, os líderes partidários formariam alianças para o Congresso a fim de evitar um sistema eleitoral desproporcional que favorece os partidos maiores. Ou seja, um "efeito mecânico"[2] forçaria os políticos a participar de cartéis eleitorais a fim de explorar economias eleitorais. As vantagens vão desde votos até mais tempo no horário eleitoral gratuito, pois o tempo para propaganda política se baseia no número total de candidatos de um partido ou coligação.[3]

Isso não resume, contudo, a história. Se esses acordos para concentrar votos ajudam os pequenos partidos a eleger deputados federais e sobreviver, por que os partidos maiores também fariam parte de coligações eleitorais? Afinal, dentro da aliança, já que é o voto individual que conta na eleição dos representantes, uma pequena legenda partidária pode potencialmente prejudicar uma grande legenda. Ao contrário dos maiores partidos, que normalmente apresentam muitos candidatos nos estados, os partidos pequenos indicam poucos nomes (apesar de populares) para garantir a eleição desses candidatos (Fleischer e Dalmoro, 2005). Então, as legendas maiores estariam se comportando irracionalmente ao participar de coligações com outras legendas menores, nas eleições para a Câmara dos Deputados?

Cito Tsebelis (1990) para responder à pergunta sobre o comportamento do partido grande. Aplicando a teoria da escolha racional para explicar fenômenos empíricos, Tsebelis chama atenção para um comportamento que parece subótimo à primeira vista, mas que é ótimo quando entendido no contexto de um "jogo" constituído de arenas "ocultas".

Coerente com a linha de raciocínio de Tsebelis, a decisão de um ator político de participar (ou não participar) de uma coligação na disputa proporcional

---

[2] Duverger (1954) propõe uma lei sociológica derivada da correlação entre o sistema de voto único de maioria simples e o bipartidarismo. Se surgir um terceiro partido, dois fatores irão contribuir para o seu declínio: um mecânico e um psicológico. O primeiro é a sub-representação do terceiro partido; o último ocorre quando os eleitores percebem que seus votos serão desperdiçados se continuarem a votar neste terceiro partido. Examino o trabalho de Duverger posteriormente.

[3] A lei eleitoral garante a todos os partidos tempo no horário eleitoral gratuito (TV e rádio) para a campanha, mas dois terços é proporcional ao número de representantes que o partido ou coligação elegeu na eleição anterior para deputado federal.

pode parecer irracional se o observador ignorar que as eleições são ocultas. A relação entre partidos grandes e pequenos não é parasitária porque as eleições proporcionais representam apenas uma arena no jogo político do estado. Os partidos pequenos são bem-vindos na aliança para deputado federal ao se comprometer a apoiar o candidato do partido grande para governador, na eleição simultânea. Além do acréscimo de tempo no horário eleitoral gratuito para a campanha majoritária estadual, a ajuda de um partido pequeno normalmente significa apoio organizacional desde o início (Lavareda, 1991). Em suma, por diferentes motivos, as coligações eleitorais no Brasil seriam atraentes para quase todos os partidos políticos.

Para os fins deste estudo, "coligações ou alianças eleitorais" e "cartéis eleitorais" têm o mesmo significado. Uso esses termos indistintamente para me referir aos partidos que unem esforços para eleger representantes (deputados federais, governadores e presidente). Três meses antes do dia da eleição, os líderes partidários anunciam ao Tribunal Superior Eleitoral e aos eleitores se vão concorrer de forma independente ou em listas partidárias conjuntas.

Além da lei eleitoral incentivando os líderes partidários a coordenar estrategicamente a participação em coligações, estudos de caso e pesquisas comparativas destacam o papel da ideologia na formação de alianças. A ideia geral é que é mais fácil chegar a um acordo se as partes na negociação têm preferências semelhantes (Golder, 2006), um argumento que aceito plenamente. Além de "trocas" eleitorais (concentração de votos nas eleições para deputado federal e mais tempo na propaganda eleitoral gratuita, principalmente), os partidos podem fazer concessões ideológicas ao participar de cartéis eleitorais. O argumento que defenderei nos próximos capítulos é que regras institucionais formais (como o sistema eleitoral) se combinam com variáveis partidárias (como a ideologia) para explicar os cartéis eleitorais brasileiros.

Estudo o papel da ideologia em duas instâncias. Primeiro, ao explorar os incentivos que os partidos têm ao formar coligações eleitorais, sigo Schmitt (1999), que lança a hipótese de que os partidos brasileiros participam de alianças eleitorais com relativamente mais frequência quando se passa da esquerda para a direita no espectro ideológico. A lógica subjacente é que a política brasileira é marcada por partidos individualistas, não ideológicos, "que querem atrair todos os eleitores" (Mainwaring, 1999). Excetuando-se a maioria dos partidos de esquerda e alguns de centro-direita, os partidos mais à direita tendem a ser "de aluguel". Infelizmente, não há medidas para avaliar a "intensidade" dos partidos brasileiros. Por isso, uso uma escala ideológica como substituta para intensidade (partidos programáticos *versus* não programáticos). No Capítulo 4, defendo meu ponto de vista. Mais adiante, foco na composição ideológica das "coligações minimamente vitoriosas" – alianças que deixam de ser vitoriosas se um membro for subtraído (Riker, 1962). Forneço mais detalhes posteriormente.

Enriquecendo a situação entre 2002 e 2006, uma decisão judicial inesperada obrigou os partidos ou coligações com candidato presidencial a replicar a coligação presidencial no estado, relacionando formalmente a corrida presidencial com as eleições para deputado federal e governador. Afirmo que a chamada "verticalização" das alianças eleitorais representou uma restrição adicional, forçando os chefes partidários a agir estrategicamente. Essencialmente, eles enfrentaram um dilema: lançar candidato presidencial, tendo que replicar esse arranjo eleitoral nos estados, ou abster-se de indicar candidato à presidência – ficando, assim, o partido livre para decidir com que parceiros formaria coligações nos estados. À medida que a verticalização forçou as elites políticas a tomarem decisões no nível nacional para definir as estratégias eleitorais nos estados, os partidos devem ter reconsiderado as contribuições potenciais[4] de cada possível aliado nas eleições para presidente, deputado federal e governador.

Para examinar os efeitos da verticalização na formação de coligações eleitorais, utilizo as ideias de Riker (1962) sobre "coligações minimamente vitoriosas". Muitas vezes aplicada ao estudo da formação de governos de coalizão sob regimes parlamentaristas (onde o legislativo é o único nível de análise), esta teoria precisa ser adaptada à situação brasileira. O objetivo é refletir as interações entre os candidatos ao Congresso (nível estadual-federal) e aqueles aos cargos executivos nos níveis nacional e estadual, ou seja, um jogo de três níveis.

Portanto, em um sistema presidencialista de governo como o do Brasil, em que condições se formam coligações minimamente vitoriosas? Antes da verticalização, exatamente como as coligações para presidente e governador afetaram as coligações para o Congresso? A verticalização contribuiu para as elites políticas se tornarem (mais) prudentes em termos de aliados? Enfrentando custos eleitorais relativamente mais altos,[5] os líderes partidários devem

---

[4] Recursos de campanha: concentração de votos e horário eleitoral gratuito. Estes incentivos eleitorais serão detalhados posteriormente.

[5] Após a verticalização, os recursos da coligação seriam necessariamente divididos em escala (abrangendo as eleições para presidente, deputado federal e governador).

ter mantido apenas os parceiros que acreditavam ser cruciais para ganhar as eleições.

Além disso, supondo que as coligações minimamente vitoriosas façam parte da realidade presidencialista, qual é o seu perfil ideológico? Depois da verticalização, como os atores políticos tiveram que chegar a acordos mais amplos em termos de alianças, e considerando que as negociações são mais fáceis se as partes são ideologicamente próximas umas das outras (Axelrod, 1970 e 1997; De Swaan, 1973), a previsão é que as coligações minimamente vitoriosas tenham sido relativamente mais homogêneas em termos ideológicos.

Para finalizar, uma questão relevante para um público mais amplo (incluindo formuladores de políticas, eleitores e todos os interessados em engenharia constitucional) é como o sistema partidário brasileiro evoluiria e quem sobreviveria se as coligações eleitorais fossem proibidas. Desde 1995, vários projetos de lei com essa intenção têm sido discutidos no Congresso (nenhum deles foi aprovado). Em comum, as propostas chamam atenção para a preferência de permitir que apenas os partidos capazes de eleger representantes sozinhos tenham direito à representação legislativa. Examino este argumento enquanto exploro que modificações na lei eleitoral poderiam aprimorar o ideal funcional da representação proporcional – ou seja, que cada voto conte na eleição dos representantes e que cada partido obtenha cadeiras em proporção aos seus votos (Carvalho, 1989; Nohlen, 2007).

Para resumir, o objetivo principal deste livro é desvendar os incentivos que os partidos têm para participar de coligações eleitorais no âmbito de um sistema presidencialista de governo, inclusive sob a verticalização. Também investigo o efeito das coligações sobre a representação no Congresso. Nesta última questão, tendo em vista que os políticos favorecem projetos que os beneficiam (Geddes, 1996), e que mais de 80% das cadeiras da Câmara dos Deputados são rotineiramente preenchidas por meio de alianças (Schmitt, 1999; Machado, 2005; Sousa, 2006), as perspectivas de uma reforma político-institucional parecem pessimistas no Brasil.

POR QUE O BRASIL?

O Brasil é um excelente caso para estudar cartéis eleitorais, já que a lei permite alianças. Além disso, a verticalização oferece uma oportunidade única de comparação: antes e depois da mudança nas regras do jogo político. A análise será ancorada em contribuições teóricas sobre o comportamento dos candidatos à presidência da república, ao legislativo e ao governo do estado, seja com foco no Brasil ou em aplicação à política brasileira.

Outra vantagem de estudar o Brasil é que o país atende a um dos meus pressupostos básicos: a coordenação eleitoral é esperada. Os partidos sincronizam esforços para ganhar eleições por meio da formação de alianças nos níveis estadual (governador), estadual-federal (deputado federal) e nacional (presidente). Não obstante, como os deputados federais são indicados no estado e contam com suas máquinas partidárias para ganhar eleições, as disputas para governador sobrepõem elos entre as eleições presidenciais e as eleições para o Congresso (Samuels, 2000a, 2000b e 2003). Além disso, desde 1994 as eleições são simultâneas, o que estimula a coordenação estratégica (Shugart, 1995; Jones, 1997a e 1997b; Samuels, 2000a, 2000b e 2003; Power e Mochel, 2008).

Finalmente, o Brasil tem experimentado o regime democrático ininterrupto desde 1985, o que me permitiu construir um banco de dados sobre a participação dos partidos em coligações eleitorais. Pelo fato de os distritos eleitorais (os estados) diferirem em magnitude, e os partidos, em tamanho e ideologia, tenho variação considerável nas minhas variáveis independentes para explorar o que move os partidos a formar alianças eleitorais no Brasil.

ABORDAGEM TEÓRICA

Adoto uma perspectiva da escolha racional que pressupõe que as elites políticas são atores racionais perseguindo seus interesses. Determinar o que influencia as ações da elite partidária permite explicar diferenças de comportamento quando o contexto eleitoral muda. Minha inspiração são os estudos que atribuem as escolhas dos atores políticos à busca de determinados objetivos econômicos e políticos. Esta abordagem é relevante principalmente para o estudo de assuntos relacionados às eleições – a competição pelo acesso ao poder e à influência política. A escolha racional oferece um conjunto relativamente parcimonioso de pressupostos, ponto de partida para a geração de previsões.

Downs (1957) e Mayhew (1974) foram pioneiros na afirmação de que os políticos em geral buscam a (re)eleição acima de tudo, maximizando suas oportunidades de vencer. Enquanto Downs se baseia no modelo do eleitor mediano para explicar que os candidatos bem-sucedidos se posicionam ideologicamente na mediana de uma distribuição normal de eleitores, Mayhew retrata representantes individualistas em busca de meios e posições que os favoreçam com seus eleitores e no Congresso. Afinal, para perseguir seus objetivos, os políticos precisam estar (ou permanecer) no cargo. Seguindo esses autores, a fim de serem (re)eleitos, é importante adotar a estratégia eleitoral "certa". A suposição de que os políticos buscam a (re)eleição também é alicerce do meu trabalho.

Na perspectiva de Downs (1957), eleitores escolhem partidos políticos como consumidores selecionam produtos. Os cidadãos têm tempo restrito e informações limitadas sobre política, e as legendas partidárias oferecem pistas eleitorais, simplificando a competição. Neste sentido, os partidos tomam certas medidas e formulam políticas para vencer a corrida, e não o contrário. Os eleitores, então, determinam suas preferências, e acabam escolhendo entre as alternativas disponíveis. Na medida em que os políticos querem ser (re)eleitos e dependem dos partidos para fazê-lo, é possível "explicar o comportamento do partido, ao examinar os interesses dos líderes do partido" (Kim, 1997, p. 86).

Retornando aos cartéis eleitorais: com base nas informações disponíveis (resultados eleitorais, pesquisas de voto etc.), as elites partidárias determinam se têm mais chances ou não em uma coligação eleitoral (mais votos, apoio na corrida simultânea etc.). Essa preferência (participar ou não de um cartel eleitoral) converge com a dos candidatos, já que todos querem maximizar as chances de vitória do partido. Em suma, pode-se pensar no partido como um tomador de decisão unitário, um pressuposto importante da escolha racional.

Embora as coligações eleitorais possam maximizar votos, diminuindo os riscos de não eleger representantes,[6] existem *trade-offs* inerentes à incorporação de membros à coligação. Isso ocorre porque os ganhos eleitorais devem ser divididos entre os partidos da aliança. Assim, com acesso à informação completa e perfeita, as coligações vitoriosas tendem a ter um tamanho mínimo (Riker, 1962).

---

[6] Nas eleições proporcionais, por causa da lista aberta, as coligações eleitorais também podem "dar errado" e se traduzir em menos cadeiras ou nenhuma. Embora raro, é uma possibilidade. Se o partido X entra em uma aliança e todos os outros partidos da coligação têm outros candidatos com mais votos, dependendo do número de cadeiras disponíveis, o partido X pode acabar não elegendo representantes.

Entretanto, na realidade, a informação é muitas vezes imprecisa. Os participantes da coligação "continuam adicionando membros até que tenham alcançado um tamanho específico, acima do mínimo" (Riker, 1962, p. 43), transformando a percepção de coligações minimamente vitoriosas em "coligações subjetivamente estimadas". Como forma de sair desse impasse, os teóricos de alianças pós-Riker acrescentaram a ideologia aos seus modelos de referência. Assim, coligações vitoriosas grandes não prevalecerão porque as negociações são mais simples com menos partidos, ideologicamente compatíveis (De Swaan, 1973). Além disso, embora os membros adicionados muitas vezes representem mais recursos, partilhar recompensas com partidos rivais é subótimo (Axelrod, 1970 e 1997).

Embora as ideias acima tivessem o objetivo original de embasar a formação de coalizões de governo sob o parlamentarismo, defendo que elas podem ser aplicadas aos processos eleitorais sob o presidencialismo. Contudo, algumas modificações teóricas e metodológicas importantes são necessárias. Entre essas adaptações, reconheço que as coligações minimamente vitoriosas precisam ser tratadas em termos de expectativas, e não de resultados. Afinal, um acordo formal, baseado em chances estimadas de vitória, é formalizado antes do dia da eleição. Além disso, as eleições no Brasil são jogos ocultos. Qualquer tentativa de maximizar votos, ao mesmo tempo em que se minimizam concessões em termos de cadeiras legislativas ou de ideologia, deve envolver atores políticos em diferentes níveis de análise, especialmente após a verticalização.

No ambiente parlamentar europeu, espera-se que os partidos formem alianças para maximizar votos, enquanto minimizam concessões (de gabinete e ideológicas). Há um cálculo por trás da tentativa de conquistar a maioria das cadeiras parlamentares. Caso contrário, a coalizão de governo pode não ser capaz de aprovar suas propostas. Nos sistemas presidencialistas como o brasileiro, em que a totalidade das cadeiras do Congresso é dividida entre os estados, a suposição de que os chefes partidários estaduais participam de coligações eleitorais com objetivos semelhantes aos dos legisladores nacionais na Europa ainda se aplica. Os políticos brasileiros fazem coligações para o Congresso para concentrar votos e maximizar a representação partidária, aumentando tanto seu poder de barganha com o presidente eleito ou suas chances de participar da coalizão de governo.

Para isso, os candidatos a deputado federal também podem contar com os votos de um candidato a governador, de tal maneira que as alianças eleitorais nesses dois níveis impliquem um acordo entre elas, em termos de retornos eleitorais (Lavareda, 1991; Nicolau, 1996). Em suma, acredito que exista semelhança nos objetivos partidários sob o parlamentarismo e o presidencialismo: maximizar poder enquanto concessões são minimizadas. Modelos de formação de governos de coalizão serão usados para prever coligações eleitorais, antes e após a decisão de formar alianças verticais – da presidência da república para baixo – no Brasil.

A lógica da participação em coligações eleitorais que apresento também é baseada no princípio de que os políticos agem e reagem às instituições políticas (Shvetsova, 2003), um sistema de regras que produz e implementa decisões vinculativas (Göhler, 1997) que determinam os processos políticos e seus resultados em grande medida (Héritier, 1998). Por não desperdiçarem votos em candidatos perdedores, os eleitores respondem ao ambiente institucional concentrando seus votos nos candidatos favoritos (Duverger, 1954).

Essa propensão das instituições eleitorais para gerar escolhas estratégicas por parte de políticos e eleitores é destacada por Sartori (1968), Taagepera e Shugart (1989) e Cox (1997), entre outros. Como os eleitores podem abandonar os candidatos fracos, os "fortes" são mais propensos a ter sucesso. Assim, os líderes partidários precisam concentrar esforços para vencer, o que diminui o número de concorrentes. Se as elites não coordenam seus apoios, os eleitores podem completar a aliança que as elites tentaram formar, mediante o abandono de um candidato em favor de outro(s) (Cox, 1997).

Cox explica que violações na teoria das expectativas racionais dependem do nível de informação sobre os candidatos. Embora o Brasil apresente um conjunto complexo de regras eleitorais, informações gerais sobre partidos, candidatos, alianças e a legislação eleitoral estão disponíveis na mídia. Além disso, 73% dos brasileiros acreditam no poder do voto para decidir o futuro do país (Kinzo, 2005). Ou seja, a maioria deles está atenta à corrida eleitoral e às escolhas feitas no dia da eleição.

IMPORTÂNCIA DO ESTUDO

Este estudo é significativo por pelo menos quatro motivos. Primeiro, a maior parte da literatura sobre alianças trata de coalizões de governo, enquanto as coligações eleitorais são muitas vezes ignoradas. Entender a formação de coligações eleitorais é importante, pois "(i) elas podem ter impacto considerável sobre os resultados das eleições, a composição do governo e políticas; (ii) elas têm implicações normativas importantes sobre a natureza representativa do governo; e (iii) são bastante comuns" (Golder, 2006, p. 2).

O que falta é pesquisa sistemática sobre coligações eleitorais como fenômenos com vida própria, não necessariamente se transformando em coalizões de governo. Neste sentido, meu trabalho trata da participação em coligações eleitorais principalmente como variáveis dependentes. Em outras palavras, este livro irá mostrar que o contexto institucional brasileiro oferece aos políticos muitos incentivos para coordenar esforços eleitorais na forma de listas partidárias conjuntas.

Inspirada na literatura que destaca a primeira observação teórica de Duverger (1954) sobre a interdependência entre sistemas partidários e eleitorais, também considero os cartéis eleitorais variáveis independentes. Pesquiso os efeitos dessas alianças sobre a representação no Congresso e aponto possíveis implicações para a qualidade das instituições democráticas brasileiras.

Em segundo lugar, considerando que a pesquisa sobre coligações eleitorais ainda precisa ser totalmente desenvolvida em sistemas com múltiplos níveis de eleições, este livro é um desafio em termos teóricos e empíricos. Embora este seja um estudo de caso do Brasil, meus argumentos podem ser usados posteriormente em replicações de outros regimes presidencialistas multipartidários em que o legislativo é composto por representantes eleitos por meio de coligações (como na Argentina, Venezuela, Bolívia e no Peru). O trabalho comparativo futuro traria contribuições a partir da experiência do Brasil, pois ratificaria a lógica da participação em alianças que apresento, e as maneiras pelas quais a construção de alianças importa, ou questionaria minhas conclusões.

Em terceiro lugar, a verticalização é um tema não explorado: ainda não está claro como a verticalização afetou as decisões dos políticos de formar (ou não formar) alianças eleitorais.

Para concluir, no caso brasileiro, não há metodologia rigorosa que isole os efeitos das variáveis explicativas que poderiam impactar os motivos dos políticos para formar coligações eleitorais. Em vista disso, para cada capítulo do livro, proponho um modelo estatístico adequado ao problema em análise. Estes métodos são discutidos a seguir.

UNIDADE E NÍVEL DE ANÁLISE

A unidade de análise é o partido político em cada uma das 27 circunscrições eleitorais (estados). Observações sobre a decisão de entrar ou não em uma coligação e os efeitos desses cartéis eleitorais sobre o sistema partidário serão feitas sobre os partidos que concorreram desde 1990, a segunda eleição (para a Câmara dos Deputados e governador) após o retorno à democracia. A primeira eleição direta (para deputado federal e governador) ocorreu em 1986. No entanto, como o sistema partidário ainda estava se reorganizando, optei por não incluir a eleição de 1986.[7]

Para examinar as alianças para presidente e os efeitos da verticalização, também faço observações sobre os cartéis eleitorais nacionais. A primeira eleição direta para presidente ocorreu em 1989. Em seguida, em 1990, o Brasil voltou a realizar eleições (para a Câmara dos Deputados e governador). Desde 1994, as eleições em todos os níveis são simultâneas.

Examinarei o nível nacional (eleições para presidente) e o subnacional (eleições para a Câmara dos Deputados e governador). Esta escolha é motivada pelo meu argumento teórico, ou seja, que as eleições brasileiras são "ocultas" (Tsebelis, 1990). Os partidos concorrem simultaneamente para presidente (nível nacional), deputado federal (estadual-federal) e governador (estadual). Os incentivos nesses três níveis não são os mesmos, o que precisa ser reconhecido pela análise teórica.

MÉTODOS E DADOS

Aplico um modelo probabilístico de resultados binários (Logit) para o estudo de cinco eleições para a Câmara dos Deputados após o retorno à democracia (1990, 1994, 1998, 2002 e 2006). Esta técnica permite ao pesquisador modelar a probabilidade de eventos como a participação em uma coligação eleitoral (ocorrência e não ocorrência). Meu modelo de regressão múltipla (Logit) irá avaliar qual das variáveis independentes melhor explica o fenômeno de interesse. Utilizo a regressão simples (Logit) para avaliar a probabilidade de

---

[7] Há também questões metodológicas. Por exemplo, não há medida confiável de ideologia ou de tamanho do partido disponível para a eleição de 1986.

um partido no Brasil participar (ou não) de uma coligação eleitoral, considerando cada uma das variáveis explicativas em separado.

Para examinar a construção de alianças eleitorais sob a verticalização, serão comparados dois conjuntos de eleições simultâneas quanto ao tamanho da coligação e seu perfil ideológico, antes e depois da verticalização (1994-1998 *versus* 2002-2006). Emprego desvios-padrão (dispersão em torno da média) para avaliar a homogeneidade/heterogeneidade ideológica das coligações eleitorais. Meu modelo também apresentará evidências de que a abstenção de participar de coligações para presidente após a verticalização foi a estratégia "certa" (ou não) em termos de resultados eleitorais.

Os registros sobre coligações eleitorais foram fornecidos pelo TSE (Tribunal Superior Eleitoral) e por Rogério Schmitt. As pontuações de ideologia partidária são contribuição de Timothy Power.[8] Para os partidos sem pontuação disponível, faço estimativas baseadas tanto nas pesquisas de Power quanto na literatura sobre a ideologia dos partidos brasileiros.

Por fim, mostro a composição da Câmara dos Deputados com e sem coligações (via simulação). Também calculo o Índice de Desproporcionalidade (Gallagher, 1991) para mensurar as diferenças entre a proporção de votos e cadeiras recebidas por todos os partidos no Brasil com e sem coligações eleitorais. Finalmente, avalio os efeitos da fórmula eleitoral (métodos D'Hondt e Saint-Laguë) sobre a proporcionalidade. Os resultados vão me permitir explorar as implicações dos cartéis eleitorais sobre temas relacionados ao desenvolvimento da democracia, como poder político e possibilidades de reforma eleitoral.

Meu objetivo é produzir teoria e evidência sobre alianças eleitorais, chamando atenção para a interação entre as regras eleitorais, as estratégias dos atores políticos e as possíveis consequências para a representação. Para isso, relaciono minha análise à literatura existente sobre coligações, iluminando o caminho para futuras pesquisas sobre acordos de concentração de votos sob um sistema presidencialista de governo.

---

[8] Desde o retorno à democracia (1990-2005), Timothy Power vem realizando uma série de pesquisas no Congresso Nacional. As pesquisas de Power constam neste livro.

ORGANIZAÇÃO DO LIVRO

O Capítulo 2 é uma visão geral do quadro político-institucional brasileiro: presidencialismo multipartidário, legislação eleitoral, eleições simultâneas e a regra da verticalização. O objetivo é oferecer algumas informações sobre o Brasil para os capítulos que se seguem.

O Capítulo 3 analisa a relação entre os sistemas eleitoral e partidário para introduzir conhecimentos teóricos sobre a formação de coligações eleitorais. Acompanho a literatura e proponho que o sistema eleitoral brasileiro reforça a necessidade dos líderes de agir estrategicamente com o objetivo de eleger representantes. Como a fórmula para a repartição das cadeiras dificulta as chances dos pequenos partidos de eleger deputados federais, estas legendas devem se sentir pressionadas a participar de coligações. Dessa forma, elas se beneficiam do capital eleitoral de seus aliados (Schmitt, 1999; Machado, 2005; Sousa, 2006; Braga, 2006). Além disso, com menos cadeiras na disputa, em estados menores (onde a magnitude distrital é menor), os partidos em geral têm incentivos extras para formar alianças (Schmitt, 1999; Machado, 2005; Sousa, 2006). O Capítulo 3 também explora o papel da ideologia na participação dos partidos políticos em alianças eleitorais.

O Capítulo 4 examina empiricamente as associações entre o tamanho do partido, a magnitude do distrito e ideologia – como variáveis independentes – e a participação dos partidos em coligações eleitorais. Faço o controle para os possíveis efeitos de diferentes níveis de desenvolvimento (IDHs) e a eleição simultânea majoritária para governador sobre as coligações para a Câmara dos Deputados.

Como veremos, os resultados do Capítulo 4 confirmam que as coligações são muito importantes nas eleições proporcionais: em todos os anos, mais de 70% dos partidos formaram alianças para deputado federal. Apresento evidências de que a desproporcionalidade do sistema eleitoral, aliada ao fato de um partido ter ou não candidato a governador, explica significativamente as decisões dos partidos de participar (ou não) dessas alianças eleitorais. Os testes no Capítulo 4 também mostram que os políticos brasileiros formam coligações eleitorais com mais frequência à medida que nos movimentamos da direita para a esquerda no espectro ideológico – diferentemente do esperado.

O Capítulo 5 amplia o modelo para incluir na análise as eleições para governador e presidente. Explico que, como os partidos brasileiros podem ajudar um ao outro a vencer nos estados, é difícil entender a corrida para o Congresso sem examinar a eleição simultânea para governador. Nesse âmbito, a lógica da participação em coligações eleitorais pode ir além da maximização de cadeiras legislativas. Muitas vezes, os partidos grandes (que lançam candidatos a governador) ajudam as legendas menores a eleger deputados federais, formando alianças para o Congresso. Essa "ajuda" ocorre em troca de benefícios na disputa para governador (mais tempo no horário eleitoral gratuito para campanha), resultando na formação da mesma coligação para governador (Lavareda, 1991). As alianças poupam esforços eleitorais enquanto maximizam a representação política. Ao destacar isso, apresento um critério para avaliar a ocorrência de coligações minimamente vitoriosas nas eleições ocultas brasileiras.

O Capítulo 5 também analisa dados teóricos sobre a formação de coligações minimamente vitoriosas e ideologicamente conexas. O objetivo é verificar se o número de alianças minimamente vitoriosas e sua semelhança ideológica aumentaram depois da verticalização de 2002. Defendo que esta decisão judicial mudou os cálculos da seguinte forma: a verticalização estimulou as elites políticas a formar coligações eleitorais que pudessem gerar resultados potencialmente vitoriosos. Depois da verticalização, como os resultados eleitorais de uma aliança seriam compartilhados não só no estado, mas também no nível presidencial, a previsão é que os políticos tenham sido extremamente cautelosos quanto aos membros aceitos na coligação.

O Capítulo 6 examina os efeitos da verticalização sobre a ocorrência de coligações minimamente vitoriosas. Há evidências empíricas de que os atores políticos sincronizam seus parceiros no estado para maximizar resultados vitoriosos, minimizando os esforços eleitorais. No entanto, os resultados indicam que a verticalização não forçou os partidos a formar coligações minimamente vitoriosas que também fossem mais ideologicamente homogêneas. Imediatamente depois que a verticalização foi aprovada (1998-2002), os partidos restringiram-se ainda mais aos participantes da coligação que acreditavam ser capazes de gerar vitórias – mesmo se aliando às legendas partidárias mais distantes no espectro ideológico.

No Capítulo 7, comparo a composição da Câmara dos Deputados com e sem coligações eleitorais (via simulação) e avalio (pelo Índice de Desproporcionalidade de Gallagher) se os resultados seriam mais ou menos proporcionais se os cartéis eleitorais fossem proibidos no Brasil. Mostro que, na realidade, as alianças diminuem a desproporcionalidade do sistema eleitoral brasileiro (a fórmula D'Hondt favorece os partidos maiores). Uma alternativa que ajudaria os partidos menores é a regra de alocação Saint-Laguë. No entanto, para garantir que cada partido receba cadeiras em proporção ao seu capital eleitoral, os votos devem ser contados para cada partido separadamente dentro da aliança. Dessa forma, os candidatos com mais votos dentro de cada partido – e não dentro do cartel eleitoral, independentemente de seus partidos – teriam acesso à representação política.

Na conclusão, avalio possíveis reformas na área de cartéis eleitorais que poderiam ser adotadas no Brasil.

CAPÍTULO 2

Visão Político-Institucional do Brasil

Este capítulo investiga as regras eleitorais do Brasil, principalmente as relevantes para o desenvolvimento do livro. Faço uma introdução à democracia representativa brasileira em conjunto com o contexto histórico. As informações aqui apresentadas servirão de base para os capítulos subsequentes.

O SISTEMA POLÍTICO BRASILEIRO APÓS O RETORNO À DEMOCRACIA

Desde o surgimento dos partidos (na década de 1930), o Brasil teve sete sistemas partidários distintos e passou por alterações no número de partidos eleitoralmente relevantes de um sistema para o outro (Mainwaring, 1992-1993).

Em 1979, durante a ditadura, em uma tentativa de fragmentar a oposição, o governo militar aboliu o sistema bipartidário – na época, composto pelo partido dos militares, a ARENA (Aliança Renovadora Nacional) e o MDB (Movimento Democrático Brasileiro), a permitida "*oposição limitada*". A ARENA era basicamente composta de proprietários de terras dos estados menos industrializados. O núcleo do MDB, ao contrário, era composto pela imprensa, por professores universitários e trabalhadores – todos prontos para lutar pela democracia (Fleischer, 1980).

O novo sistema era mais complicado e compreendia: 1) o PT (Partido dos Trabalhadores), cujo líder nacional era Luís Inácio Lula da Silva (mais conhecido como Lula), metalúrgico nascido no nordeste de Pernambuco, um dos estados mais pobres do Brasil. Lula foi eleito deputado federal uma vez (1986) e presidente duas vezes (2002-2010); 2) o PMDB centrista (Partido do Movimento Democrático Brasileiro), o antigo MDB (de oposição); 3) o PDT de esquerda (Partido Democrático Trabalhista), cujo líder nacional era Leonel Brizola, amigo próximo dos ex-presidentes nacionalistas Getúlio Vargas (1930-1945 e 1951-1954) e João Goulart (1961-1964); 4) o PTB de centro-direita (Partido Trabalhista Brasileiro), criado por Ivete Vargas, da família do ex-presidente Vargas; e 5) o PDS de direita (Partido Democrático Social), a antiga ARENA (partido dos militares).

Em meados dos anos 1980, após 21 anos de ditadura militar (1964-1985), as forças de oposição aliaram-se aos desertores do regime para ganhar a eleição presidencial indireta de 1986 (Mainwaring e Pérez Liñán, 1997), quando um civil, Tancredo Neves, foi eleito pelo Congresso. Neves foi um dos líderes do heterogêneo PMDB (de oposição ao governo militar).[1] Derrotou Paulo Maluf, o candidato presidencial da situação, mas nunca tomou posse. Inesperadamente, o presidente eleito faleceu no hospital após passar por sete cirurgias. Tancredo Neves sofria de problemas digestivos, que culminaram em uma infecção generalizada. José Sarney (PMDB), o vice-presidente, assumiu o poder. Foi um período de grande estresse nacional, com o Brasil enfrentando uma crise de inflação, a primeira de uma série que culminou em hiperinflação. O Presidente Sarney foi o autor do primeiro plano econômico de combate à inflação, o Plano Cruzado, inicialmente com forte apoio popular (Chacon, 1981 e Jornal Nacional, 2004).

[1] Como Lago (2006) explica, o (P)MDB foi criado após o golpe militar para agrupar todos que eram contra a ditadura. Quando o Brasil retornou ao multipartidarismo, várias nuances políticas deixaram o PMDB para formar os próprios partidos de esquerda: PT, PSB, PSDB e os partidos comunistas. Como o PMDB abrange vários interesses (e muitas vezes divergentes), lutas políticas internas são frequentes.

Em 1985, os partidos comunistas foram legalizados. O PC do B (Partido Comunista do Brasil), por exemplo, tem sido um dos principais aliados do PT no nível nacional (como ficará claro no Capítulo 5). O PCB (Partido Comunista Brasileiro) dividiu-se em dois: o mesmo PCB, de ideologia marxista-leninista, e o PPS (Partido Popular Socialista). O PPS, liderado por Roberto Freire, abandonou o marxismo. O Capítulo 5 mostra que o PPS apoiava Lula quando o PT não estava no poder.

Vários novos partidos também surgiram, principalmente quando o antigo PDS (a "herança" militar) foi dividido em dois (ainda de direita): o PFL (Partido da Frente Liberal)[2] – criado para apoiar o candidato civil à presidência, Tancredo Neves – e o PPB (Partido Progressista Brasileiro), que posteriormente mudou de nome para PP (Partido Progressista).

O PMDB também se fragmentou, e uma ala foi para o cada vez mais direitista PSDB (Partido da Social Democracia Brasileira), de José Serra, o candidato presidencial derrotado em 2002 e 2010, e de Fernando Henrique Cardoso (conhecido como FHC). Fernando Henrique Cardoso, doutor em Sociologia e "pai" do Plano Real, o plano de combate à hiperinflação mais bem-sucedido do Brasil (Mariano, 2005), foi eleito presidente por duas vezes (1994-2002), sempre com o apoio do PTB e do PFL.

Outro partido importante foi o PL (Partido Liberal), para onde foram alguns ex-arenistas. "Os principais líderes do PL, Afif Domingos, um ex-correligionário de Paulo Maluf em São Paulo, e Álvaro Valle, antigo deputado arenista do Rio de Janeiro, foram dois dos candidatos mais votados no país em 1986" (Power, 1997. p. 76).

Como Kinzo (2004) explica, a baixa fragmentação partidária inicial brasileira foi resultado direto do regime anterior, que só permitia dois partidos. Com a redemocratização, no entanto, o número de partidos efetivos[3] na Câmara dos Deputados aumentou muito, como ficará claro na análise que consta do Capítulo 7.

Apesar da ditadura, os militares mantiveram algumas instituições típicas da democracia liberal, como observou Mainwaring (1986, p. 150). "Em contraste com outros regimes burocrático-autoritários do Cone Sul, um sistema

---

[2] Em 2007, o PFL mudou de nome para Democratas (DEM).

[3] Laakso e Taagepera (1979) propõem o "número efetivo de partidos(N)" para medir a fragmentação – em termos de votos ou cadeiras. A comparação dos dois informa o grau de fragmentação provocado pela conversão de votos em cadeiras.

partidário funcionou durante todo o período autoritário." No entanto, o Congresso Nacional foi fechado duas vezes (em 1968 e 1977), na tentativa de reforçar "legalmente" o poder dos militares.[4]

A atual Constituição brasileira foi promulgada em 1988 pelo Congresso eleito em 1986. "Com sua nova presença no PMDB dominante, após 1986 o grupo ARENA/PDS estava presente nos três maiores partidos. Os ex-arenistas compunham 20,9% da delegação do PMDB para a Assembleia Constituinte, 77,1% da delegação do PFL e 86,5% do reduzido PDS" (Power, 1997, p. 77).

Em 1989, a primeira eleição presidencial direta levou à criação de novos partidos. Fernando Collor de Mello, que havia sido prefeito de Maceió, no estado nordestino de Alagoas, deputado federal pelo PDS, fundou o PRN (Partido da Reconstrução Nacional) apenas para viabilizar sua candidatura à presidência. Collor venceu a eleição contra Lula, do PT. Foi a primeira vez em que a televisão participou intensamente da campanha eleitoral brasileira. Em 1992, Collor sofreu *impeachment* por causa de um escândalo de corrupção. O *impeachment* foi a solução para a revolta popular, antes que os militares cogitassem uma intervenção (Chacon, 1981, p. 216).

A Constituição Federal de 1988 manteve o sistema presidencialista e três poderes independentes: executivo, legislativo e judiciário. Entre outras regras, a Constituição especifica que:

- As eleições são diretas. O voto é secreto, em sufrágio universal;
- O voto é obrigatório para todos os cidadãos alfabetizados entre 18 e 70 anos. É opcional para aqueles entre 16 e 17 anos, idosos acima de 70 e analfabetos;
- O Brasil é uma república federal dividida em 27 circunscrições eleitorais (26 estados mais a capital federal, Brasília);
- As eleições para presidente e governador seguem o princípio da maioria absoluta (50% + 1 dos votos), com segundo turno;

[4] É importante observar que as eleições foram manipuladas durante a ditadura na tentativa de aumentar a legitimidade do partido dos militares (ou seja, da ARENA). Medidas autoritárias, "que reescreveram as regras da disputa eleitoral para favorecer o partido do governo, foram empregadas de tempos em tempos quando os militares as consideravam necessárias. Apesar da reelaboração contínua do sistema eleitoral, na segunda década do autoritarismo (1974-1985), os estrategistas militares se mostraram incapazes de conter a onda oposicionista" (Power, 1997, p. 60).

- As eleições para deputado federal são proporcionais (RP) e as listas são abertas (não há ordem predeterminada de candidatos). Os estados têm representantes segundo sua população;
- Os distritos eleitorais (estados) variam de um mínimo de oito a um máximo de 70 cadeiras na Câmara dos Deputados;
- O legislativo nacional é bicameral. A Câmara dos Deputados tem 513 cadeiras.[5] O Senado Federal, 81 (três senadores para cada estado). Os senadores são eleitos com maioria simples de votos e exercem mandato de oito anos. Dois terços das cadeiras entram na disputa ao mesmo tempo. O restante entra em disputa quatro anos mais tarde;
- Todos os representantes eleitos (exceto senadores) têm mandatos de quatro anos;
- Deputados e senadores podem concorrer à reeleição sem restrições. Governadores e o presidente podem exercer no máximo dois mandatos consecutivos;
- Os poderes judiciais são exercidos pelo Supremo Tribunal Federal (STF) e pelos tribunais específicos, organizados por matérias. O Tribunal Superior Eleitoral (TSE), composto de sete ministros, é a instância para consultas relacionadas às eleições. Os ministros e os juízes da maioria dos tribunais são nomeados pelo presidente (o título é vitalício). Essas indicações devem ser aprovadas pelo Senado;
- Finalmente, não são permitidos candidatos independentes. Os políticos devem pertencer a um partido, que precisa ser registrado no TSE.[6]

---

[5] O número de cadeiras na Câmara aumentou na década de 1980 devido à criação do estado de Tocantins, na Região Norte. Além disso, Amapá e Roraima, também no Norte, viram seu número de representantes aumentar de 4 para 8. Finalmente, em 1994, São Paulo, no Sudeste, ganhou 10 cadeiras (de 60, passou a ter 70). De 487 cadeiras em 1986, a Câmara dos Deputados estabilizou-se em 513 cadeiras, desde 1994.

[6] Para ter a candidatura aprovada pelo TSE, um partido deve comprovar "caráter nacional" (assinaturas de eleitores). O número deve totalizar pelo menos 0,5% dos votos válidos (excluindo nulos e brancos) dados na eleição anterior para deputado federal, em pelo menos 1/3 dos estados.

Além da Constituição, outras leis são relevantes para este livro:

- As eleições são simultâneas em todos os níveis, desde 1994 (presidente, governador e Congresso);
- São permitidas coligações eleitorais para todos os cargos. Não é obrigatório que essas alianças perdurem após a eleição;
- A escolha de candidatos e a formação de coligações eleitorais estão concentradas no estado, mas também ocorrem nacionalmente (eleição presidencial);
- As coligações eleitorais não precisam ser formadas pelos mesmos partidos;
- Os eleitores podem votar em um candidato ou no partido. Não é possível votar diretamente na coligação eleitoral;
- Os eleitores podem escolher partidos diferentes nos distintos níveis (presidente, governador e Congresso);
- Há listas com os nomes, partidos e números dos candidatos no local de votação;
- Os partidos políticos têm recursos públicos para financiar suas campanhas (pagamento de despesas administrativas e funcionários, elaboração de propaganda etc.). Grosso modo, os recursos são repartidos proporcionalmente ao número de votos que cada partido ou cartel eleitoral teve na eleição anterior para deputado federal;[7]
- Os recursos públicos são alocados aos líderes partidários nacionais. Por sua vez, eles determinam as alocações para a liderança do partido

[7] No entanto, o financiamento privado prevalece. A lei permite contribuições para todos os cargos, de pessoas físicas ou jurídicas (diretamente para os partidos ou candidatos). Na prática, os candidatos podem financiar o quanto desejarem do próprio bolso; também não há teto para os gastos de campanha. Com exceção da corrida presidencial, os candidatos – e não os partidos – são obrigados a apresentar à justiça eleitoral um registro de contribuições de campanha. O não cumprimento da lei pode acarretar perda do cargo após a eleição. Para uma visão geral sobre o financiamento de campanhas eleitorais no Brasil e em outros países latino-americanos, consulte Samuels (2001) e Zovatto (2005), respectivamente.

de cada estado. No entanto, essa contribuição (para a corrida eleitoral estadual) não é obrigatória;

- Os partidos têm acesso ao horário eleitoral gratuito (TV e rádio) para propaganda. Dois terços do tempo são alocados proporcionalmente ao número de votos que cada partido ou coligação teve na eleição anterior para deputado federal. O restante é distribuído igualmente entre todas as legendas partidárias;
- Esses anúncios gratuitos são veiculados durante dois meses, anteriores às eleições. Dois programas diários, de uma hora de duração cada, podem ser transmitidos (pela manhã e em horário nobre). A compra de tempo adicional na televisão é proibida. As legendas partidárias podem, no entanto, pagar por comerciais e anúncios pequenos na TV, no jornal e rádio;
- O voto eletrônico existe em todos os estados desde as eleições de 1998. O cidadão pode digitar o número do partido (dois dígitos) ou o do candidato (quatro dígitos). Se o eleitor pressionar uma combinação de números que não corresponda a um partido ou candidato, o voto é considerado nulo. O eleitor também pode votar em branco (a urna tem o botão "em branco"). Votos nulos e brancos são computados como inválidos. Como explica Nicolau (2002), eles podem ser considerados sinal de protesto;
- Em 2006, o STF declarou inconstitucional uma cláusula de barreira de 5% que deveria ser aplicada pela primeira vez nas eleições brasileiras. Como explico no Capítulo 6, isso pode ter influenciado as coligações naquele ano.

Em seguida, detalho uma mudança nas regras eleitorais: em 2002 e 2006, os partidos enfrentaram restrições ao tentar formar coligações eleitorais.

VERTICALIZAÇÃO: O JUDICIÁRIO MUDA AS REGRAS DO JOGO POLÍTICO

Em 2002 (com efeitos que perduraram até 2006), o Tribunal Superior Eleitoral (TSE) inesperadamente mudou as regras do jogo político, obrigando os partidos ou coligações com candidato presidencial a replicar nos estados o arranjo eleitoral feito para a disputa presidencial. Mais especificamente, o TSE decidiu que, quando a Constituição afirma que os partidos precisam ter "caráter nacional", isso significa que eles devem organizar alianças eleitorais "compatíveis" nos diferentes níveis. Na prática, um partido que pretendesse lançar candidato a presidente (e seus aliados em nível nacional) não teria permissão para formar alianças com partidos rivais (que tivessem candidato presidencial/e seus aliados à presidência) nas eleições simultâneas legislativas e para governador.

A decisão judicial ficou conhecida como "verticalização". Especificamente, o Tribunal Superior Eleitoral impunha alianças "verticalmente compatíveis", a partir do nível mais alto (presidência) até o estado. Para fins de ilustração, sob a verticalização, se os partidos A + B + C concorressem à presidência em uma coligação eleitoral, existiam cinco possibilidades de aliança no estado: 1) A + B + C; 2) A + B; 3) A + C; 4) B + C; ou 5) A, B e C poderiam escolher juntos, dois a dois ou individualmente, participar de uma coligação com o partido D – desde que D não estivesse concorrendo à presidência.

Assim, em 2002 e 2006, os líderes partidários enfrentavam dois cenários: 1) se o partido ou coligação não tivesse candidato a presidente, eles estavam livres no estado; ou 2) se o partido ou coligação tivesse candidato presidencial, eles teriam que reproduzir essa aliança nos estados (se desejado, acrescentando à aliança nos estados os partidos que tivessem ficado de fora da corrida presidencial). Ao forçar os líderes partidários a pensar em termos de retornos nacionais *versus* estaduais, a verticalização impôs aos políticos a necessidade de repensar as vantagens e desvantagens de concorrer à presidência (Sousa, 2006; Fleischer, 2007).

Como exemplo representativo real, um dos líderes do PTB, Deputado Federal José Múcio, disse em 2006: "Posso ser forçado a me aliar com quem não quero. Posso até fazer oposição àqueles com quem desejo me aliar. Todos ainda estão muito confusos" (Folha Online, 2006). O PTB decidiu não lançar candidato presidencial. Dessa forma, o partido ficou livre para formar coligações eleitorais nos estados.

Nos Capítulos 5 e 6, aprofundo a discussão sobre a verticalização e seu impacto sobre as eleições. O Capítulo 6 avalia empiricamente as mudanças nas coligações eleitorais de um grupo de eleições simultâneas para outro (1994-1998 em comparação com 2002-2006). Mais especificamente, a questão passou a ser: que tipos de alianças os partidos formaram para presidente e no estado (deputado federal e governador)? Pelo fato de o lançamento de candidato presidencial significar que esse arranjo eleitoral deveria ser replicado em escala, com as vantagens/desvantagens eleitorais compartilhadas em termos nacionais, a previsão é que a verticalização tenha incentivado os partidos a reavaliar as recompensas inerentes ao acréscimo de membros à aliança eleitoral.

No próximo capítulo, discuto as regras eleitorais e seus efeitos estimados sobre os cartéis eleitorais. A discussão serve de base para os testes que conduzo no Capítulo 4.

CAPÍTULO 3

Participação dos Partidos em Coligações nas Eleições Proporcionais Brasileiras: Atores, Restrições, Incentivos e Estratégias

Neste capítulo, desvendo os efeitos estimados das regras eleitorais e como levam os políticos a agir de determinadas maneiras. Subjacentes à pesquisa estão os pressupostos sobre o comportamento racional das elites políticas – listados na introdução. Além disso, prevê-se que os atores políticos classifiquem suas preferências eleitorais com base em avaliações da capacidade de vitória.

Para ficar claro, não estou sugerindo que os líderes políticos "inevitavelmente escolhem a 'melhor' ação, conforme especificada por algum observador externo" (Cameron, 2000, p. 73). Minha proposta é apenas sugerir que os políticos têm incentivos institucionais para se comportar como atores intencionais. Caso contrário, "há pesadas sanções para jogadas inconsistentes" (Cameron, 2000, p. 78). No caso do Brasil, afirmo que essas expectativas são correspondidas.

Discuto inicialmente a relação entre sistemas eleitorais (bem como suas variáveis) e as estratégias dos atores políticos para conquistar cadeiras. O foco é a disputa proporcional brasileira. Defendo que os partidos formam coligações para deputado federal principalmente para evitar o efeito mecânico descrito por Duverger (1954) – segundo o qual os sistemas eleitorais em geral tendem a favorecer os maiores partidos. Isso deve ser mais perceptível nas magnitudes distritais menores (nos estados onde o número de cadeiras em disputa é menor), uma vez que a correspondência entre votos e cadeiras é menos proporcional do que a observada em magnitudes distritais maiores (Taagepera e Shugart, 1989). Por fim, defendo a inclusão da variável ideologia em qualquer modelo projetado para prever a formação de alianças.

SISTEMAS ELEITORAIS E A DINÂMICA DA FORMAÇÃO DE COLIGAÇÕES ELEITORAIS

Desde o trabalho de Duverger (1954) sobre partidos políticos, os estudiosos vêm aperfeiçoando suas proposições teóricas e contribuindo para a compreensão dos efeitos das regras eleitorais. Duverger propõe uma lei sociológica derivada da correlação quase perfeita entre o sistema de maioria simples com voto único e o bipartidarismo. Se surgir um terceiro partido, dois fatores irão contribuir para o seu declínio: um mecânico e um psicológico. O primeiro é a sub-representação do terceiro partido, que tende a permanecer fraco. O segundo é quando os eleitores percebem que seus votos serão desperdiçados se continuarem votando no terceiro partido.

Como Taagepera e Shugart (1989) explicam, certas regras eleitorais concedem bônus em forma de cadeiras aos partidos maiores. Em outras palavras, os partidos menores são penalizados. Este é o efeito mecânico de Duverger, que ocorre durante uma única eleição. O efeito psicológico leva pelo menos duas eleições para se manifestar: 1) o partido político está sub-representado por causa do fator mecânico; 2) os eleitores podem deixar de votar neste partido; 3) que será afetado ainda mais pelo efeito mecânico. Em outras palavras, o fator mecânico reforça a atitude psicológica, que reforça o fator mecânico – um círculo vicioso para os pequenos partidos.

Duverger também lança a hipótese de que a representação proporcional favorece o multipartidarismo, e não o bipartidarismo porque, sob a RP, qualquer tendência política tem chance de obter representação (partidos com afinidades não teriam incentivo para se fundir). No entanto, como Taagepera e Shugart enfatizam, pode haver um efeito psicológico restringindo o número de partidos mesmo sob a RP, pois os sistemas com magnitudes distritais baixas exercem pressão sobre eleitores e candidatos. Considerando que é mais difícil eleger representantes nesses distritos eleitorais, os partidos "fortes" teriam mais sucesso.[1]

Da mesma forma que Taagepera e Shugart, Cox (1997) estendeu a lei de Duverger para os sistemas proporcionais. Cox mostra que a lógica do voto e a candidatura estratégica limitam o número de partidos na disputa. Como os eleitores não estão dispostos a votar nos partidos que consideram sem chances de superar a cota necessária para ganhar uma cadeira, os políticos precisam unir esforços para vencer.

A coordenação é claramente provocada pelas elites. Por exemplo, quando os partidos brasileiros formam coligações eleitorais, o número de concorrentes é reduzido. Os eleitores também se coordenam, abandonando os candidatos fracos. Portanto, "o voto estratégico sobrevive, tanto na teoria quanto na prática, porque uma das coisas que as elites podem fazer em eleições apertadas para realocar recursos dos candidatos mal colocados para os candidatos na dianteira é inundar a mídia com argumentos sobre o 'desperdício de votos'" (Cox, 1997, p. 98).

Em suma, há fortes indícios de que os sistemas eleitorais impactam uma variedade de resultados, desde as decisões dos eleitores até a dinâmica da formação de alianças eleitorais. "Os partidos são mais propensos a participar de coligações eleitorais – e estas coligações têm mais chances de ter sucesso – em países com um sistema eleitoral desproporcional e um grande número de partidos" (Golder, 2006, p. 36). Isso parece se aplicar ao Brasil, onde cerca de 30 legendas lançam com frequência candidatos à Câmara dos Deputados, a maioria em coligações. Mais de 18 legendas elegem deputados federais com regularidade – quase todas por meio de cartéis eleitorais (Schmitt, 1999; Machado, 2005; Sousa, 2006). No Capítulo 7, avalio em que grau a (des)proporcionalidade do sistema eleitoral brasileiro influencia os partidos a formar alianças.

Agora, como explicam Rae (1967) e Taagepera e Shugart (1989), os sistemas eleitorais variam também em relação aos seus componentes. Estes fatores podem afetar de maneiras diferentes as decisões partidárias de formar ou não alianças eleitorais (Lijphart, 1994; Nicolau, 1996; Schmitt, 1999; Machado,

---

[1] À medida que o número de cadeiras em disputa aumenta, a representação de cada partido tende a corresponder mais de perto aos seus votos. Em magnitudes distritais menores, o resultado da eleição é menos proporcional (a disputa é mais acirrada). Ver Rae (1967), Lijphart (1984) e Taagepera e Shugart (1989), por exemplo.

2005; Sousa, 2006; Golder, 2006). Em seguida, detalho estas variáveis e como se relacionam com os acordos de concentração de votos.

VARIÁVEIS DOS SISTEMAS ELEITORAIS E A DINÂMICA DA CONSTRUÇÃO DE COLIGAÇÕES ELEITORAIS

Para produzir os efeitos pretendidos, os criadores dos sistemas eleitorais têm três principais variáveis que podem manipular: 1) a estrutura de votação, 2) o número de cadeiras em disputa; e 3) o método usado para transformar votos em cadeiras (Taagepera e Shugart, 1989). Lijphart (1994) acrescenta uma quarta variável: o "limiar efetivo", que abrange vários aspectos de um sistema eleitoral. Detalho a seguir os efeitos esperados dessas variáveis sobre os cartéis eleitorais.

Estrutura de votação

A votação pode ser simples ou complexa, pois os eleitores podem votar para presidente (eleições que envolvem apenas um nível), ou para presidente, para as câmaras alta e baixa, e para governador, como no Brasil. Neste último caso, o eleitor pode ter que escolher apenas um dos muitos partidos ou nomes e votar em todos os candidatos desse partido. Ou ele pode ter o direito de escolher candidatos específicos em cada nível, separadamente. Além de votar apenas em uma lista partidária ou em candidatos individuais, as eleições intermediárias e mistas também são possíveis (Taagepera e Shugart, 1989). Como indicado no Capítulo 2, os brasileiros podem escolher um candidato ou partido, em cada nível separadamente.

Reynolds (2006) estudou as eleições legislativas nacionais e executivas em 107 países e elaborou a hipótese de que cédulas mais detalhadas (com cores, símbolos e fotografias) são encontradas em locais menos alfabetizados e onde as eleições competitivas são fenômeno recente. Mas o autor encontra pouca evidência de que cédulas detalhadas reduzem a inutilização dos votos ou são ferramentas essenciais para os analfabetos.

Rae (1967) sugere que as cédulas sejam divididas em duas classes: "I) as ordinais, que permitem ao eleitor escolher mais de um partido; e II) as cédulas categóricas, que exigem que o eleitor escolha um partido" (Rae, 1967, p. 126).[2] Ao teorizar que as cédulas ordinais produzem sistemas partidários mais fragmentados, no entanto, o autor mostra que a cédula categórica – e não a ordinal – está associada a uma maior fragmentação. A análise levou-o a especular que "a estrutura de votação constitui uma variável bastante fraca. Pode ser muito menos importante do que as fórmulas eleitorais, as magnitudes distritais, e provavelmente menos ainda do que as forças sociopolíticas que sustentam a competição partidária" (Rae, 1967, p. 129).

Como explica Lijphart (1984), a estrutura de votação em grande parte se sobrepõe às outras duas dimensões principais de um sistema eleitoral, que são a fórmula eleitoral e a magnitude distrital (o número de cadeiras em disputa no estado). Os sistemas de maioria ou pluralidade, por exemplo, têm estruturas categóricas de votação. "O único sistema eleitoral que pode pertencer a qualquer um dos tipos é a RP de lista, mas raramente é ordinal" (Lijphart, 1984, p. 156).

Fórmula eleitoral

A fórmula eleitoral aloca cadeiras dentro dos distritos. Como explica Powell (2000), por um lado, a visão majoritária do controle do cidadão se baseia no poder concentrado de formular políticas. Ela torna mais evidente para o eleitor o responsável pelo que está sendo feito (governos de partido único produzem a maior clareza de responsabilidade). Por outro lado, os desenhos proporcionais enfatizam a representação de todos os pontos de vista em uma sociedade. Dentro dessas duas famílias de fórmula eleitoral – majoritária e proporcional – podemos distinguir as seguintes regras:

- Pluralidade em distritos de um único membro, que concede uma cadeira ao candidato com mais votos, tenha ele maioria absoluta (50% + 1) ou não. Esse sistema também é conhecido como "maioria relativa"

---

2 Segundo Dalmoro e Fleischer (2005), o Brasil não se encaixa em nenhuma classe. Os brasileiros têm duas opções disponíveis: ou votam em um partido (é possível votar em partidos diferentes para presidente e deputado federal, por exemplo) ou em um candidato (não é permitido o *ranking* de preferências). Isso ficará mais claro quando o método eleitoral brasileiro for discutido, a seguir.

e *first-past-the-post*. O argumento é que esse tipo de sistema "incentiva os sistemas estáveis de dois partidos, em que um partido quase sempre tem maioria legislativa" (Taagepera e Shugart, 1989, p. 21). Conforme explicado no Capítulo 2, esse método é utilizado nas eleições brasileiras para senador (a câmara alta).

- Maioria em distritos uninominais, que exigem um segundo turno ou a consideração das segundas preferências dos eleitores por meio da votação ordinal. Quando nenhum dos candidatos obtiver mais de 50% dos votos, há um segundo turno dias depois. Como visto no Capítulo 2, no Brasil, o presidente e os governadores são eleitos pela maioria dos votos no segundo turno.

  A outra versão de maioria é o voto alternativo, utilizado na Austrália, por exemplo. Os partidos apresentam um candidato por distrito para a câmara baixa e os eleitores classificam os candidatos de acordo com suas preferências (1, 2, 3 etc.). O político com mais de 50% dos votos é eleito (Nicolau, 1999).

- Representação proporcional (RP), distritos plurinominais: diferentemente dos desenhos eleitorais majoritários, na RP os votos são proporcionalmente traduzidos em cadeiras. Como mencionado no Capítulo 2, as eleições para a Câmara dos Deputados brasileira são proporcionais.

A representação proporcional pode ser combinada com o Voto Único Transferível (VUT) ou com listas partidárias (abertas ou fechadas). Sob o VUT,[3] os votos vão explicitamente para os candidatos; a lista fechada[4] não concede aos eleitores qualquer influência sobre a posição dos candidatos inscritos. Entre esses dois sistemas, a lista aberta[5] permite aos cidadãos certa influência sobre a ordem em que os candidatos de um partido são eleitos. Como o voto proporcional é necessariamente partidário, a lista fechada, pela qual os eleitores escolhem apenas o partido que preferem – sem escolher candidatos – é o instrumento mais adequado para a democracia (Tavares, 1994).

---

[3] O VUT é atualmente utilizado em algumas eleições: Irlanda, Irlanda do Norte, Malta, Austrália, Escócia, Nova Zelândia e Estados Unidos.

[4] A lista fechada é usada principalmente nas eleições para o parlamento das democracias europeias.

[5] Além do Brasil, a lista aberta é usada no Chile, na Finlândia, na Polônia, no Peru, na Holanda e na Suécia.

A lista aberta brasileira é singular porque dá aos eleitores autonomia para selecionar candidatos.[6] Depois de as cadeiras terem sido distribuídas aos partidos, a eleição ou não de um candidato depende da sua habilidade de obter votos individuais. Este sistema incentiva os políticos a fazerem campanha por conta própria, "principalmente porque o prestígio e o poder de um político ficam bastante reforçados com uma votação maciça" (Mainwaring, 1991, p. 24). Como consequência, as campanhas na mídia são feitas de tal forma que os candidatos – e não os partidos – peçam votos. Afinal, também há opositores dentro do partido (Fleischer, 1994). Na verdade, Ames (2001) deixa claro que, embora os brasileiros possam votar em uma legenda, 90% costumam votar em um candidato.

A lista aberta foi introduzida no Brasil em 1945 e determinou o surgimento dos primeiros partidos de massa. No Chile e na Finlândia, quando esta variante foi introduzida (em 1954 e 1958, respectivamente), os partidos já estavam há décadas na cena política e eram bem institucionalizados. No Brasil, um sistema eleitoral que incentiva o individualismo tem funcionado desde os primeiros dias dos partidos políticos modernos (Mainwaring, 1991).

Os sistemas proporcionais também são classificados de acordo com a fórmula usada para alocar cadeiras: D'Hondt, Saint-Laguë (ambas baseadas nas maiores médias) e o método das maiores sobras.

A fórmula D'Hondt usa divisores de 1, 2, 3 etc., e favorece os partidos maiores. Os pequenos partidos tendem a eleger menos representantes segundo este método. Outra regra de alocação que reduz o bônus partidário inerente aos divisores D'Hondt e ajuda os partidos menores é a regra Saint-Laguë (Carstairs, 1980; Lijphart, 1984 e 1986). No entanto, o método D'Hondt é usado em vários sistemas de RP da Europa e América Latina, inclusive o brasileiro.

Por fim, o método das maiores sobras é empregado onde a fórmula requer que os votos de cada partido em um distrito (no caso brasileiro, o estado) sejam divididos por um quociente eleitoral (o número mínimo de votos para um partido naquele estado alcançar uma vaga). Em seguida, cada partido elege quantos representantes forem indicados pelo seu quociente partidário. As cadeiras que não foram alocadas são preenchidas de acordo com as maiores sobras.

---

[6] A Finlândia, que também usa a lista aberta, é semelhante. Para obter informações detalhadas, consulte Törnudd (1968).

As cotas mais comumente empregadas por essa última regra são a de Hare e a de Droop. A quota de Hare tende a produzir valores extremamente elevados para a distribuição de cadeiras, deixando algumas sem ser alocadas na primeira fase da distribuição. Por outro lado, a quota de Droop fornece valores mais baixos, permitindo a alocação de mais cadeiras (Carstairs, 1980).

No Brasil, durante a primeira fase da distribuição de cadeiras, os votos em um determinado estado são divididos pelo número de cadeiras a serem alocadas para gerar o número de votos com direito a uma cadeira (o quociente eleitoral). Com a utilização da quota de Hare, deixando cadeiras não distribuídas, é necessário empregar outro procedimento para preencher as cadeiras restantes. É quando começa a segunda fase de distribuição.

Nessa fase, é aplicado o método D'Hondt, e os votos que um partido recebe (aqueles concedidos à legenda partidária mais seus candidatos individuais) são divididos várias vezes por números sucessivos. O partido mais votado recebe a primeira cadeira. Seus votos são divididos por dois (uma cadeira mais uma). Em seguida, o partido com a maior média obtém uma cadeira. O processo continua até que todas as cadeiras sejam preenchidas. Uma vez que apenas os partidos que alcançaram o quociente eleitoral participam dessa segunda fase de alocação de cadeiras, o quociente eleitoral funciona como um limiar informal. Ou seja, são removidas da corrida eleitoral as legendas que não alcançaram o número mínimo de votos necessários no estado para eleger representantes (Tavares, 1994).

Como a fórmula brasileira de repartição de cadeiras legislativas dificulta as chances dos pequenos partidos de alcançar o quociente eleitoral, estas legendas são grandes interessadas em participar de alianças eleitorais (Schmitt, 1999; Machado, 2005; Sousa, 2006; Braga, 2006). Por causa da lista aberta, quando os partidos entram em uma coligação na disputa proporcional é formada uma única lista para a aliança. Em outras palavras, os votos são contados como se pertencessem a uma única legenda (a coligação). As cadeiras conquistadas pela aliança eleitoral são preenchidas pelos candidatos com mais votos dentro da aliança – independentemente de seus partidos. Na Polônia e Finlândia, que também permitem coligações nas eleições proporcionais, os partidos formam cartéis eleitorais para ter mais votos (como no Brasil). No entanto (diferentemente do Brasil), cada partido recebe cadeiras na proporção da sua contribuição em votos para a aliança (Nicolau, 1999).

Já que no Brasil a aliança eleitoral funciona como uma lista de partidos, os votos migram de um partido para outro dentro da coligação (Lessa, 1992). Em outras palavras, a situação é a seguinte: quando um partido concorre sozinho, os votos de um candidato sem chances de vitória são transferidos para os outros candidatos dentro do partido. Da mesma forma, os votos dados a um candidato que já tem votos suficientes para se eleger são transferidos para os candidatos dentro do partido que ficaram para trás. Quando uma coligação é formada, os votos migram não apenas de um candidato para outro dentro do mesmo partido, como também entre partidos dentro da coligação eleitoral.

Entrar em uma aliança eleitoral pode, portanto, ajudar um partido a conquistar cadeiras, mas não é garantia. No estado, a liderança do partido X que participar de coligação para a Câmara dos Deputados pode ser surpreendida com o resultado negativo da estratégia. Se o partido X não tivesse concorrido em aliança, seus votos sozinhos teriam garantido pelo menos uma cadeira. Contudo, como todos os candidatos dos outros partidos da aliança foram mais votados, o partido X não conseguiu nenhuma cadeira legislativa. Por exemplo, em 1998, o PT do B, um partido nanico de direita, não elegeu nenhum deputado federal fazendo coligações. No entanto, se o partido não tivesse participado de coligações, teria emplacado pelo menos um representante. No Capítulo 7, demonstro por meio de simulações em que medida essa transferência de votos realmente ocorreu no Brasil.

Magnitude distrital (M)

O número de cadeiras de um distrito é a variável mais importante em um sistema eleitoral (Rae, 1967; Nohlen, 1981; Taagepera e Shugart, 1989; Lijphart, 1984 e 2003). Como magnitudes maiores produzem resultados mais proporcionais e esse é o objetivo principal por trás da escolha de sistemas proporcionais, a qualidade da representação varia de um distrito para outro nos países onde as magnitudes variam (Taagepera e Shugart, 1989).

Mas a relação positiva entre resultados eleitorais mais proporcionais e M não é linear. A proporcionalidade é função curvilínea da magnitude distrital. Em outras palavras, um aumento na magnitude reduzirá a desproporcionalidade dos resultados, mas essa diminuição se tornará menor com o aumento das magnitudes iniciais. "A diferença entre distritos uninominais (M = 1) e distritos com poucos membros (M = 2 a 6) é grande porque os desvios médios declinam em mais de um terço do total. Até magnitudes de vinte, a diminuição nos 'retornos' de proporcionalidade é progressiva, mas leve" (Rae, 1967, p. 117).

No Brasil, com (27) magnitudes distritais variando de oito a 70 cadeiras, os partidos precisam de um percentual maior dos votos para atingir o quociente eleitoral nos estados com oito representantes na câmara baixa (11 dos 27 estados têm magnitude mínima). À medida que a magnitude aumenta e os resultados se tornam mais proporcionais, um maior número de legendas é capaz de atingir o quociente e eleger deputados federais (Nicolau, 1996; Schmitt, 1999; Machado, 2005; Sousa, 2006).

Limiar efetivo

Lijphart (1994) considera vários aspectos de um sistema eleitoral em um único indicador: magnitude distrital, limites legais para a representação legislativa e fórmula eleitoral. A ideia é que, quanto maior o limiar efetivo que um partido ou candidato deve obter para ganhar a eleição, menos proporcionais serão os resultados.

Diferentemente da Alemanha e da Eslováquia, por exemplo, que impõem uma barreira nacional de 5% dos votos que os partidos precisam superar para eleger representantes, alguns países, como o Brasil, não usam barreiras legais. Nesses casos, está implícito no sistema eleitoral um limiar informal para a representação legislativa. Como pode ser visto aqui, esse limiar informal é baseado nas magnitudes distritais. Por isso, opto pela magnitude distrital para medir a desproporcionalidade do sistema eleitoral.

Recordando os argumentos anteriores, o grau em que as alocações de cadeiras no legislativo divergem da condição de proporcionalidade perfeita é, essencialmente, uma função de duas variáveis: a fórmula eleitoral e a magnitude distrital (Rae, 1967). No Brasil, para evitar serem penalizadas por um método que dá aos partidos maiores uma vantagem relativa (quocientes eleitorais mais a fórmula D'Hondt), as legendas menores formam coligações eleitorais para evitar o efeito mecânico de Duverger. Dessa forma, garantem a chance de eleger representantes. Em magnitudes menores, quando a eleição é ainda mais acirrada (os resultados são menos proporcionais), os partidos recorrem aos acordos de concentração de votos para conquistar cadeiras (Schmitt, 1999; Machado, 2005; Sousa, 2006). Os efeitos da magnitude distrital e do tamanho do partido sobre a participação em coligações eleitorais serão avaliados empiricamente no próximo capítulo.

Nesse sentido, Lijphart (1994) observa que é esperado que as coligações reduzam a desproporcionalidade porque todos os sistemas eleitorais tendem a favorecer os partidos maiores, e as coligações ajudam principalmente os menores. Uma das consequências seria que, sem incentivo para que os pequenos partidos se fundam, as coligações eleitorais acabariam aumentando a fragmentação legislativa. No Capítulo 7, verifico se as coligações eleitorais aumentam o número efetivo de partidos no Brasil.

O PAPEL DA IDEOLOGIA NA FORMAÇÃO DAS COLIGAÇÕES ELEITORAIS

Embora as instituições eleitorais "expliquem" a formação de coligações, argumento que a compreensão mais completa do tema deve levar em conta a variável ideologia. Ou seja, minha abordagem não é monoliticamente institucionalista. Os partidos devem também enfrentar preocupações ideológicas quando decidem participar (ou não) de cartéis eleitorais.

Nesta seção, destaco brevemente os pressupostos por trás da proposição de que, no Brasil, o posicionamento/a intensidade ideológica de um partido define sua probabilidade de formar uma aliança eleitoral com outro partido.

Embora no Brasil as coligações eleitorais não necessariamente durem após a eleição, os líderes partidários devem enfrentar restrições ideológicas (ainda mais fortes) ao entrar em alianças eleitorais. Antes da eleição, os chefes partidários podem se sentir reticentes e não participar de coligações com desconhecidos. Após a eleição, como os eleitores já não representam mais restrição imediata às ações dos políticos, os partidos tendem a ser mais flexíveis, formando estes tipos de coalizões governistas (Golder, 2006).

No entanto, os partidos brasileiros mais à direita no espectro ideológico geralmente fazem campanhas individualistas, isto é, não concorrem usando apelos partidários (Samuels, 1999). A relativa consistência ideológica da esquerda explica por que esses partidos apresentam taxas mais baixas de troca-troca no Congresso (Nicolau, 1996). Nesse sentido, a ideologia estrutura e limita a extensão da mudança de partido no Brasil (Desposato, 1997). Em outras palavras, no caso brasileiro, defendo que há uma sobreposição entre estas duas dimensões – ideologia e intensidade (partidos mais ideológicos *versus* menos ideológicos). Quanto mais à esquerda no espectro, mais "ideológico" um partido será. Inversamente, quanto mais à direita no espectro, menos "ideológico" ele será.

Isso é justificável? Minha resposta é afirmativa. Exemplos: o PT (Partido dos Trabalhadores) e o PC do B (Partido Comunista do Brasil) são partidos ideológicos de esquerda (sempre lançam candidatos presidenciais na mesma coligação eleitoral). O PT é o único partido no Congresso cujos políticos concordam em fazer contribuições mensais para o desenvolvimento de ações programáticas, como pesquisa partidária, reuniões e convenções. Diferentemente dos outros partidos, o PT não é um *insider*, mas um partido de massa, criado em 1980 por um grupo de trabalhadores metalúrgicos de São Paulo. Outro partido "intenso" em termos ideológicos é o PSOL (Partido Socialismo e Liberdade), criado durante o segundo mandato presidencial de Lula por dissidentes do PT. Políticos do PT, PC do B e PSOL precisam seguir a linha do partido. Caso contrário, haverá penalidades (como a expulsão do partido).

No centro do espectro ideológico está o PMDB (Partido do Movimento Democrático Brasileiro). Com o passar do tempo, o PMDB viu pouco a pouco seu apelo programático se dissolver porque o "inimigo" (o governo militar) já havia sido derrotado. "A falta de forte identidade partidária também é refletida pelo fato de que os políticos de praticamente todas as facções estão no PMDB, ou podem viver com ele" (Hagopian e Mainwaring, 1987). Em Brasília, é comum ouvir jornalistas comentando que o PMDB nunca perde uma eleição, pois o partido quase sempre consegue fazer parte da situação.

O PTB (Partido Trabalhista Brasileiro) e o PFL (Partido da Frente Liberal, criado por dissidentes do PDS militar), à direita do PMDB e do PSDB (Partido da Social Democracia Brasileira), geralmente são parceiros eleitorais do PSDB para a presidência. O PFL é um partido oligárquico composto em sua maioria por proprietários de terras contrários à reforma agrária. O PTB de Getúlio Vargas (1930-1945 e 1951-1954) perdeu a *raison d'être* e diminuiu de tamanho com a criação do PDT esquerdista (Partido Democrático Trabalhista), em 1980.

Há muitos outros partidos – que podem ser classificados como de tendência esquerdista ou direitista (ver o Apêndice em www.altabooks.com.br, busque pelo título do livro). Mas o fato é que, quanto mais se avança para a direita no espectro ideológico, mais encontramos legendas partidárias amorfas – com bases eleitorais progressivamente mais fracas, eleitorados instáveis e ausência de políticas consistentes. Samuels e Lucas (2010) vão ainda mais longe e sugerem que o sistema partidário brasileiro é composto pelo PT e pelo "resto". No entanto, a polarização no nível nacional implica que, contra o PT (e seus aliados), existem outros partidos com políticas consistentes. O PSDB apresentou o plano mais bem-sucedido contra a hiperinflação no Brasil (Mariano, 2005), com o apoio do PFL e do PTB.

Em resumo, meu argumento é que há forte tendência no Brasil de encontrar partidos menos intensos em termos de restrições ideológicas à medida que se passa da esquerda para a direita na escala. Partidos menos ideológicos, por sua vez, apresentam menos restrições para formar alianças eleitorais. Nesse sentido, acompanho Schmitt (1999) e lanço a hipótese de que a frequência com que as legendas formam alianças para deputado federal aumenta à medida que avançamos da esquerda para a direita no espectro. Acredito que os partidos de direita, principalmente aqueles mais à direita, criados exclusivamente para satisfazer os desejos de políticos "empreendedores",[7] sentem-se livres para participar de coligações com mais frequência, uma vez que praticamente não têm restrições ideológicas. Os resultados de Schmitt não são conclusivos, contudo: de 1986 a 1994, nenhum dos seus grupos partidários (esquerda, centro e direita) se destacou. O autor conclui que as coligações brasileiras perpassam a ideologia dos partidos (as alianças são atraentes para todos).

Esta proposição – de que a frequência com que as legendas formam alianças para deputado federal aumenta à medida que se passa da esquerda para a direita no espectro – deriva também do trabalho de Carreirão (2006). O autor analisa o perfil ideológico das coligações para prefeito em Santa Catarina

---

[7] Siavelis e Morgenstern (2008) apresentam tipologias para compreender tanto os processos que levam os políticos ao poder, quanto o impacto desses processos sobre o comportamento dos poderosos. Sistemas eleitorais de alta magnitude e listas abertas tendem a produzir políticos "empreendedores", o caso do Brasil. "Esta combinação minimiza a influência dos partidos e dificulta a capacidade dos eleitores de dar crédito ou atribuir culpa" (Siavelis e Morgenstern, p. 22, 2008). Segundo os autores, os empreendedores estão pouco interessados em construir carreira no Congresso, seja porque a reeleição é proibida (não no caso do Brasil) ou porque o legislativo não tem métodos para extrair recursos (como ficará mais claro, o caso do Brasil). Os empreendedores tendem a surgir nos sistemas federais (o caso brasileiro) porque a reputação local – e não a reputação partidária – tende a ser chave para o sucesso. Finalmente, os políticos empreendedores conseguem vitória nas urnas onde partidos centrais são frágeis (o caso do Brasil).

(1988-2004) para mostrar que os partidos mais à direita (PP, PPB, PPR, PDS e PFL) formam alianças com mais frequência do que o centro (PMDB e PSDB), e que o centro forma coligações eleitorais com mais frequência do que a esquerda (PDT e PT).

Com base nesses autores, no próximo capítulo investigo se as elites partidárias brasileiras participam de coligações eleitorais com mais frequência quando se passa da esquerda mais ideológica para a direita menos ideológica no espectro.

CAPÍTULO 4

Tamanho do Partido, Magnitude do Distrito e Ideologia: O que Explica a Participação dos Partidos em Coligações nas Eleições Proporcionais Brasileiras?

No capítulo anterior, desenvolvi *insights* teóricos sobre coligações eleitorais, com foco nas eleições proporcionais. De forma geral, os líderes partidários levam em conta três variáveis ao avaliar se participam ou não dessas alianças: 1) a magnitude distrital, 2) o tamanho do partido, e 3) a ideologia do partido.

Neste capítulo, testo as relações dessas variáveis com a ocorrência (ou não) de coligações. Começo com um resumo do argumento teórico. Em seguida, apresento meu modelo de regressão múltipla, operacionalizo as variáveis e especifico os dados. Para cada uma das variáveis independentes separadas, calculo a probabilidade de um partido no Brasil participar (ou não) de uma coligação eleitoral. No final, discuto minhas conclusões.

RESUMO DAS HIPÓTESES

Formulei as três hipóteses a seguir a partir da discussão desenvolvida no Capítulo 3:

H1: Os partidos políticos são mais propensos a participar de coligações eleitorais nas magnitudes distritais menores. Quanto menor a magnitude, menos proporcional a relação entre cadeiras e votos. Portanto, espero que os partidos em geral formem alianças com mais frequência nesses estados de menor magnitude. Afinal, em uma coligação, eles podem tirar proveito da concentração de votos para atingir o quociente eleitoral, aumentando suas chances de conquistar cadeiras na Câmara;

H2: Os partidos políticos menores são mais propensos a participar de coligações eleitorais. Quanto menor o partido, mais difícil atingir o quociente eleitoral. Portanto, espero que estas legendas participem de coligações com mais frequência;

H3: Passando da esquerda para a direita no espectro ideológico, os partidos políticos entram em alianças eleitorais com mais frequência. Esta proposição é baseada no fato de que é mais fácil no Brasil encontrar partidos com menos restrições ideológicas à medida que se passa da esquerda para a direita no espectro.

Para resumir, minha previsão é que os líderes partidários têm incentivos para formar alianças eleitorais no Brasil. Essas coligações são uma maneira de evitar a desproporcionalidade do sistema eleitoral, que concede bônus aos partidos maiores. Em magnitudes distritais menores, onde é relativamente mais difícil eleger representantes, esta estratégia eleitoral deve ser ainda mais perceptível. Finalmente, creio que a ideologia do partido é importante, sobretudo para a esquerda. Passar da esquerda para a direita na escala ideológica deve aumentar a probabilidade de um partido formar coligações eleitorais no Brasil. Nesses casos, a maximização de chances de representação política (à custa da ideologia) deve predominar.

MODELAGEM E OPERACIONALIZAÇÃO DAS VARIÁVEIS

Tomadas em conjunto, as três hipóteses sugerem um modelo de participação em cartéis eleitorais ajustado para o sistema eleitoral e sua influência sobre as estratégias dos políticos. Especifico este modelo da seguinte forma:

$$\text{Logit}(p) = \log[p / (1 - p)] =$$
$$a + b1\ \text{DMAG} + b2\ \text{PSIZE} + b3\ \text{PIDEO} + b4\ \text{GOV} + b5\ \text{HDI},$$

Onde a é a constante logit; b1, b2, b3, b4 e b5 são os coeficientes logit; e p = Pr [ELECO = 1].

A variável dependente (VD) ELECO é dicotômica. O partido recebeu 0 se não participou de aliança eleitoral em determinado estado. Caso tenha participado, o partido recebeu 1. Como o Brasil tem 27 distritos eleitorais (estados), cada legenda tem 27 chances de participar de coligações eleitorais, em cada um dos cinco anos consecutivos de eleição (1990, 1994, 1998, 2002 e 2006). Em sua maioria, os dados foram coletados junto ao Tribunal Superior Eleitoral.[1] Todas as coligações eleitorais estão reproduzidas no Apêndice I, em www.altabooks.com.br (busque pelo título do livro).

Dentre as variáveis independentes (VIs), DMAG representa a magnitude do distrito eleitoral (o estado). Os distritos brasileiros variam de 8 a 70 cadeiras na câmara baixa. Estes números permaneceram os mesmos de 1990 a 2006.[2] As informações sobre DMAG constam do Apêndice II, em www.altabooks.com.br (busque pelo título do livro).

Sobre a magnitude do distrito, é importante notar que este livro se refere ao Brasil. Ou seja, embora oito cadeiras possam representar magnitude alta em outros países, no Brasil é a quantidade mínima de cadeiras em comparação aos outros estados *dentro* do país. Como exemplos de magnitudes distritais pelo mundo, em um extremo temos Israel. O país é o distrito, onde são eleitos 120 representantes. No outro extremo está o Chile, onde um sistema de lista de RP é aplicado a distritos com dois membros. Enquanto as eleições israelenses são muito proporcionais – mas a "prestação de contas" do eleito junto ao eleitor é baixa – no Chile, os resultados são bastante desproporcionais – mas a prestação de contas é elevada (Projeto ACE, The Electoral Knowledge Network).

Lembrando que a proporcionalidade é uma função curvilínea da magnitude distrital (Rae, 1967), foi efetuado um novo cálculo tomando seu logaritmo natural, alterando a distribuição para uma mais normal. Este cálculo também ajuda a especificar um modelo funcional "elástico". A ideia por trás deste procedimento matemático é que o efeito do aumento da magnitude distrital de 2 para 3 é muito diferente do efeito de aumentá-la de 32 para 33, por exemplo.

A variável PSIZE representa o tamanho do partido. Os líderes políticos tomam decisões presentes segundo o desempenho na eleição anterior. Portanto, o tamanho do partido é seu número de votos, distrito por distrito, na eleição anterior (t-1). Esta informação consta do livro on-line de Jairo Nicolau *Dados*

[1] Agradeço a Rogério Schmitt por disponibilizar as coligações eleitorais de 1990.

[2] Exceto para São Paulo. De 1990 a 1994, São Paulo viu seu número de deputados federais aumentar de 60 para 70 lugares.

Eleitorais do Brasil (jaironicolau.iuperj.br/banco). Partidos novos (inexistentes na eleição anterior) foram codificados como *missing cases*.[3]

Alguns partidos mudaram de nome de uma eleição para outra; esses partidos foram incluídos no modelo. É o caso do PTC (Partido Trabalhista Cristão) em 2002, antigo PRN (Partido da Reconstrução Nacional) de 1998. O PRN foi um partido personalista minúsculo, criado para viabilizar a candidatura de Fernando Collor de Mello à presidência. Em 2006, o PP (Partido Progressista) era o PPB (Partido Progressista Brasileiro) de 2002. As fusões partidárias também foram incluídas, como ocorreu com (1) o PPR (Partido Progressista Reformador) em 1994, que resultou da fusão do PDS (Partido Democrático Social, "herança" do governo militar) com o PDC (Partido Democrata Cristão) e (2) o PPB (de Paulo Maluf) de 1998, produto da fusão do PP com o PPR. Assim, os partidos PPR e PPB receberam o somatório do desempenho eleitoral dos respectivos antecessores.

A variável PIDEO é a ideologia do partido político. Utilizei os questionários de Timothy Power: em 1990, 1993, 1997, 2001 e 2005, Power pediu aos deputados federais que localizassem os partidos em uma escala variando de 1 (esquerda) a 10 (direita). A classificação final no espectro de Power foi con-seguida com a exclusão de autodenominações. Por exemplo, para localizar o PT (Partido dos Trabalhadores) na escala, as respostas dos deputados federais petistas não contaram.[4]

Infelizmente, Power tem pontuações para 17 partidos (que estão na cena política há algum tempo), enquanto cerca de 30 lançam deputados federais regularmente. Como usar apenas as medidas de Power resultaria em observações eliminadas, adotei *proxies* para os partidos restantes. Minhas pontuações são baseadas na literatura que classifica os partidos brasileiros como pertencentes a três blocos ideológicos: centro, esquerda e direita.[5]

Todos os números (os de Power e os estimados) constam do Apêndice III, em www.altabooks.com.br (busque pelo título do livro). Juntamente

---

[3] O SPSS exclui as observações com *missing data*.

[4] Embora as taxas de resposta tenham caído ao longo do tempo, as amostras ainda são grandes, variando de 21% a 43% dos legisladores federais. Uso os resultados de 1990 para a eleição de 1990; os resultados de 1993 para a eleição de 1994; os resultados de 1997 para a eleição de 1998; os resultados de 2001 para a eleição de 2002; e os resultados de 2005 para a eleição de 2006.

[5] Consulte Limongi e Figueiredo (1995), Schmitt (1999), Carreirão (2006) e Miguel e Machado (2007).

com explicações para cada uma das pontuações estimadas de ideologia partidária. Exemplo: para cada ano de eleição, agrupei a maioria dos partidos pequenos em dois grupos ideológicos. A cada grupo foi atribuída uma pontuação de ideologia partidária. O grupo SPL (pequeno partido de esquerda, no original em inglês) recebeu a pontuação média do PDT (Partido Democrático Trabalhista) e do PSB (Partido Socialista Brasileiro), dois partidos moderados de esquerda (ver Capítulo 2). O grupo SPR (pequeno partido de direita, no original) recebeu a pontuação média do PTB (Partido Trabalhista Brasileiro) e do PL (Partido Liberal), dois partidos pragmáticos de direita (ver Capítulo 2).

Ao atribuir pontuações à ideologia do partido, acompanhei pesquisas que tratam da classificação ideológica dos partidos brasileiros. Três legendas foram excluídas do modelo em 1990, pois não há informações disponíveis sobre a ideologia dos partidos PAS, PLH e PAP.[6]

Para controlar os possíveis efeitos dos partidos com candidato a governa-dor, uso uma variável *dummy* para todas as eleições simultâneas (deputado fe-deral e governador). A variável GOV recebeu 1 para partido com candidato a governador (o principal partido, não toda a coligação, e as legendas que lança-ram candidato a governador). Todas as outras legendas partidárias receberam

0. Explico a seguir a lógica por trás de GOV.

Os maiores partidos geralmente lançam candidato a governador, e podem formar alianças nas eleições proporcionais simultâneas por motivos não relacionados a estas eleições. Especificamente, em cada estado, as legendas grandes podem ajudar as menores na coligação da disputa proporcional em troca de apoio na corrida para governador. Com o apoio de pequenos partidos em uma coligação para governador, o candidato a governador tem mais tempo no horário eleitoral gratuito para fazer campanha. Informações sobre a variável GOV constam do Apêndice IV, em www.altabooks.com.br (busque pelo título do livro). Esses dados foram coletados, em grande parte, junto ao TSE.[7]

Krause e Godoi (2009) sugerem que variáveis socioeconômicas não afetam a participação dos partidos nas coligações eleitorais brasileiras (na disputa majoritária). Por via das dúvidas, também adoto controles para os possíveis

---

[6] Lembrando que o SPSS exclui as observações com *missing data*. Há 81 observações com os partidos PAS, PLH e PAP em 1990. Esses partidos teriam sido excluídos do modelo, de qualquer modo, porque eram novos (Psize t-1 = 0).

[7] Agradeço à Silvana Krause por disponibilizar as coligações para governador de 1990.

efeitos de diferentes níveis de desenvolvimento (IDHs) sobre as coligações para a Câmara dos Deputados.

Converse (1960) faz referência à política americana para defender que os distritos mais desenvolvidos – onde os eleitores têm mais anos de escola e a renda *per capita* também é mais elevada – têm maior "restrição" ideológica. Os efeitos do nível educacional e da comunicação de massa na vida política são explorados por Lipset (1959, 1960 e 1994). Segundo Lipset, a educação dá suporte aos sistemas políticos democráticos porque promove a abertura, o que aumenta a capacidade humana de fazer escolhas eleitorais "racionais". Aplicando o modelo de Lipset e Converse ao Brasil, nos estados mais desenvolvidos eleitores esclarecidos teriam menor propensão a tolerar incoerências ideológicas na formação de coligações. Os políticos desses estados, por sua vez, estariam menos propensos a entrar nestes tipos de cartéis eleitorais.

No controle de nível de desenvolvimento, uso o Índice de Desenvolvimento Humano (IDH) calculado pelo IPEA (Instituto de Pesquisa Econômica Aplicada) para cada estado. O índice leva em consideração renda (PIB *per capita*), expectativa de vida, escolaridade e alfabetização.[8]

O Índice de Desenvolvimento Humano varia de 0 (menos desenvolvido) a 1 (mais desenvolvido). Os valores para 1990 foram estimados usando interpolações da linha de tendência 1980-1991; os valores para 1994 e 1998 foram estimados por meio de interpolações lineares da linha de tendência 1991-2000; e os valores para além de 2000 são extrapolações lineares da mesma linha de tendência 1991-2000.[9]

---

[8] Os níveis de desenvolvimento têm exibido tendência de alta no Brasil. Portanto, se o IDH tem o efeito direcional que espero sobre a participação dos partidos em cartéis eleitorais, ele deveria tornar as alianças menos prováveis em cada ano eleitoral sucessivo – todas as outras variáveis permanecendo as mesmas.

[9] Agradeço a Timothy Power pelas extrapolações pós-2000. Os dados do Ipea sobre IDH estão disponíveis em: http://www.ipeadata.gov.br/ipeaweb.dll/ipeadata?SessionID=450236423&Tick=1238604811504&VARFUNCAO=SerTemas%281828887210%29&Mod=S. Outros dados sociodemográficos recentes sugerem que o desenvolvimento humano melhorou mais rapidamente na década atual do que na década de 1990. Isso significa que a linha de tendência 1991-2000 provavelmente tem uma inclinação mais plana do que a inclinação real para cima depois de 2000. Portanto, as estimativas para 2002 e 2006 provavelmente subestimam o verdadeiro IDH dos estados, e deveriam ser substituídas quando os dados do censo de 2010 estiverem disponíveis (www.ipeadata.gov.br).

Finalmente, emprego a regressão logística – método estatístico adequado às variáveis dependentes binárias – para determinar a probabilidade de um partido participar (ou não participar) de uma coligação eleitoral. Trabalho com o SPSS para realizar regressão – múltipla e simples.

A unidade de análise são os partidos políticos nos 27 estados (953 ocorrências de partidos concorrendo em 1990; 648 em 1994; 810 em 1998; 810 novamente em 2002; e 783 em 2006).

RESULTADOS EMPÍRICOS

A Tabela 4.1 explora o impacto das variáveis explicativas, em separado, sobre a variável dependente. Uso a regressão logística simples para prever a probabilidade de determinado partido participar (ou não) de uma coligação eleitoral.

Tabela 4.1 Efeitos Simples de Magnitude Distrital, Tamanho do Partido e Ideologia Partidária sobre a Participação em Coligações Eleitorais, Câmara dos Deputados (1990-2006)

	1990	1994	1998	2002	2006
Magnitude Distrital (log)					
Constante (SE)	0,448 (0,183)	1,948 (0,445)	1,080 (0,457)	2,254 (0,386)	2,467 (0,380)
B (SE)	0,173 (0,183)	−0,254 (0,155)	0,067 (0,164)	−0,362 (0,131)	−0,459 (0,130)
Sig. B	0,345	0,100	0,682	0,006	0,000
Tamanho do Partido					
Constante	0,855 (0,148)	0,943 (0,136)	1,085 (0,131)	1,042 (0,108)	0,996 (0,108)
B	0,008 (0,009)	0,060 (0,019)	0,035 (0,015)	0,058 (0,018)	0,058 (0,019)
Sig. B	0,370	0,001	0,022	0,002	0,002
Ideologia do Partido					
Constante	0,124 (0,254)	2,036 (0,317)	1,080 (0,247)	1,075 (0,237)	1,501 (0,312)
B	0,166 (0,048)	−0,140 (0,051)	0,036 (0,044)	0,031 (0,041)	−0,055 (0,054)
Sig. B	0,001	0,006	0,410	0,453	0,303
GOV *					
Constante	0,654 (0,242)	1,319 (0,217)	0,494 (0,185)	0,431 (0,159)	0,132 (0,163)
B	0,370 (0,285)	−0,097 (0,253)	1,152 (0,237)	1,197 (0,203)	1,538 (0,205)
Sig. B	0,194	0,701	0,000	0,000	0,000
IDH					
Constante	1,218 (1,113)	3,870 (1,198)	4,934 (1,393)	2,262 (1,308)	6,556 (1,557)
B	−0,441 (1,664)	−3,771 (1,705)	−5,034 (1,890)	−1,348 (1,717)	−6,747 (1,945)
Sig. B	0,791	0,027	0,008	0,432	0,001

* A categoria de referência é GOV = 1.

Fonte: cálculos feitos com dados recebidos do TSE, Krause e Power.

As probabilidades serão obtidas com a seguinte equação:

$$P(ELECO) = \frac{e^{a+b^{*}IV}}{1+e^{a+b^{*}IV}}$$

Onde a e b são a constante e o coeficiente Logit, respectivamente, e IV é a variável independente.

Figura 4.1 Probabilidade de um Partido Participar de Coligação com o Aumento da Magnitude Distrital, Câmara dos Deputados (1990-2006)

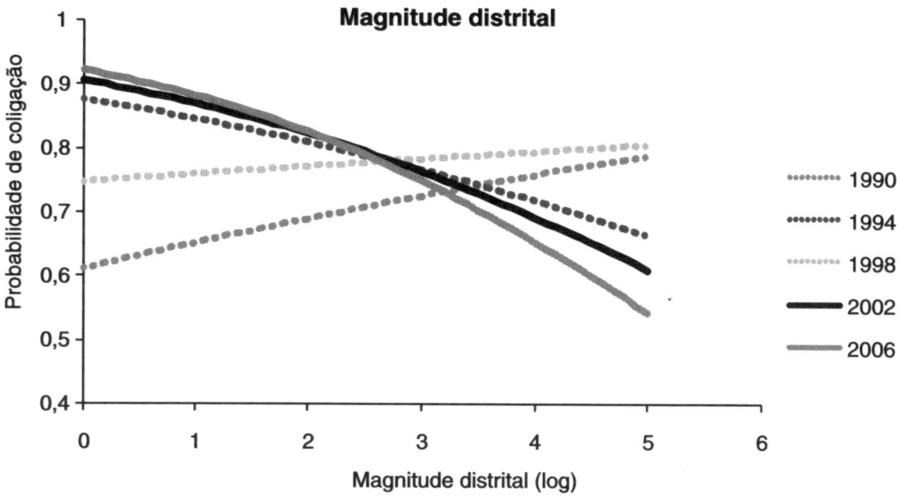

As linhas pontilhadas não são estatisticamente significantes.

Tanto em 2002 e 2006, quanto maior a magnitude distrital (log), menor a probabilidade de um partido participar de coligação nas eleições proporcionais. Em 2006, por exemplo, subindo a magnitude distrital de 3 para 4, a probabilidade cai, de 74,8% para 65,3%. A regressão simples mostra que a magnitude do distrito não é estatisticamente significante antes de 2002.

A linha densa é o resultado de três linhas sobrepostas, onde as constantes e os coeficientes do tamanho do partido em 1994, 2002 e 2006 são muito próximos uns dos outros, resultando nas mesmas probabilidades de coligação.

À exceção de 1990 (não significante), a probabilidade de entrar em coligação aumenta com o tamanho do partido. Em 2006, com o aumento do partido de 1% para 10%, a probabilidade de coligação aumenta, de 74,2% para 82,9%.

Figura 4.2 Probabilidade de um Partido Participar de Coligação com o Aumento do Tamanho do Partido, Câmara dos Deputados (1990-2006)

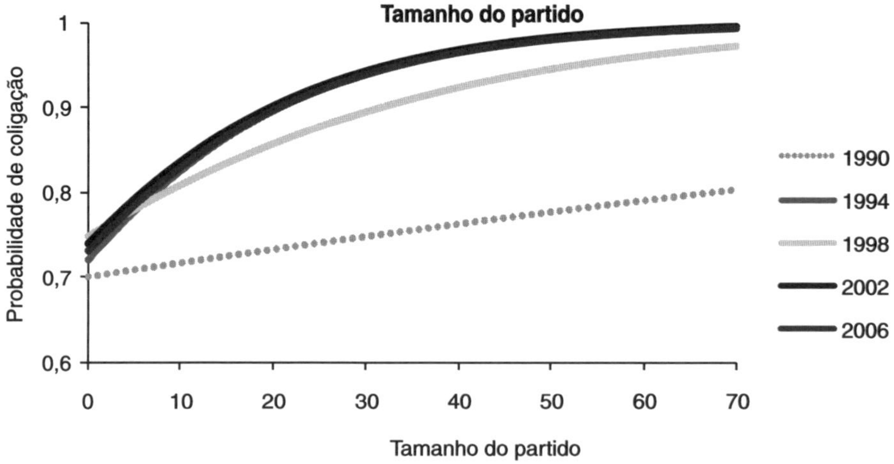

As linhas pontilhadas não são estatisticamente significantes.

As probabilidades são praticamente as mesmas para todos os anos – à exceção de 1998 (o efeito do tamanho do partido sobre a probabilidade de coligação é menor).

Figura 4.3 Probabilidade de um Partido Participar de Coligação ao passar da Esquerda para a Direita na Escala de Ideologia, Câmara dos Deputados (1990-2006)

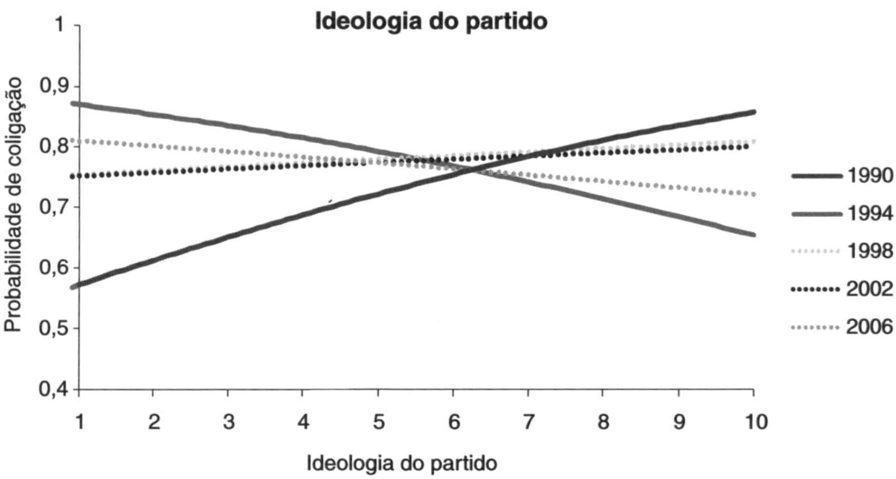

As linhas pontilhadas não são estatisticamente significantes.

Os resultados para a ideologia do partido são inconclusivos. Em 1990, passar da esquerda para a direita na escala de ideologia aumenta a probabilidade de coligação. Em 1994, no entanto, a relação entre estas duas variáveis é negativa (a probabilidade de coligação diminui com o movimento da esquerda para a direita na escala). A regressão simples mostra que esta variável não é estatisticamente significativa depois de 1994.

Figura 4.4 Probabilidade de um Partido Participar de Coligação quando GOV passa de 0 para 1, Câmara dos Deputados (1990-2006)

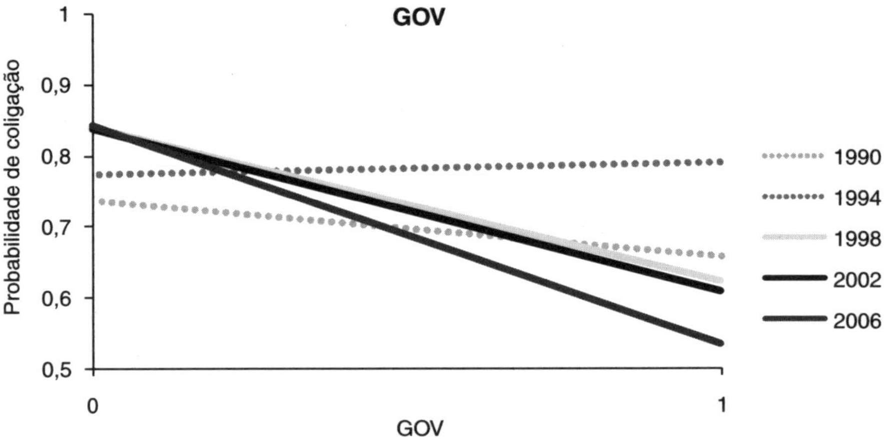

As linhas pontilhadas não são estatisticamente significantes.

Em 1998, 2002 e 2006, GOV = 0 significa que o partido está mais propenso a participar de coligação para deputado federal (a categoria de referência é GOV = 1). Em 2006, por exemplo, se a legenda não tem candidato a governador, a chance de participar de aliança nas eleições proporcionais aumenta, de 53,3% para 84,2%. O impacto de GOV na probabilidade de coligação em 1998 e 2002 é menor.

À exceção de 1990 e 2002 (não significativos), a probabilidade de coligação diminui à medida que os níveis de desenvolvimento aumentam. Em 1994, por exemplo, elevando o IDH de 0,6 para 0,7, um determinado partido tem aproximadamente 10% menos probabilidade de participar de aliança para deputado federal (de 86,2% para 76,1%).

Figura 4.5 Probabilidade de um Partido Participar de Coligação com o Aumento dos Níveis de Desenvolvimento, Câmara dos Deputados (1990-2006)

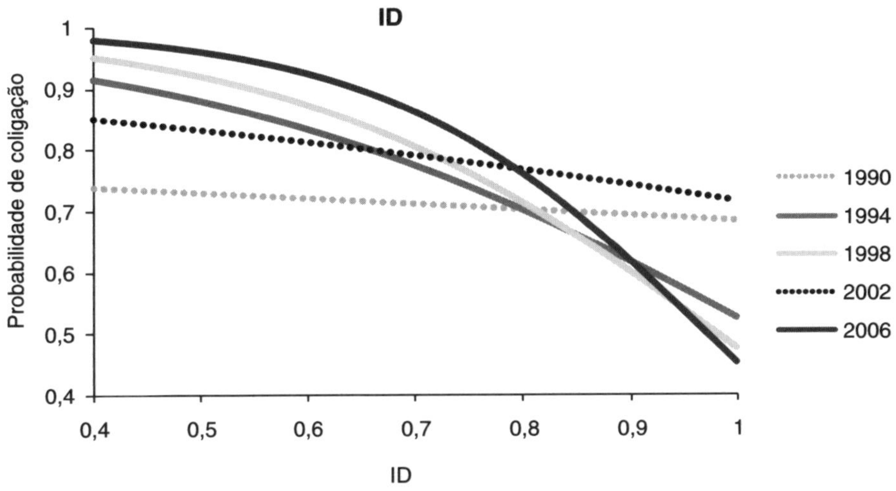

As linhas pontilhadas não são estatisticamente significantes.

ANÁLISE DE REGRESSÃO MÚLTIPLA

A Tabela 4.2 mostra a participação dos partidos em alianças eleitorais. Os sinais dos coeficientes estatisticamente significantes permaneceram os mesmos.

A expectativa de que as coligações eleitorais são muito atraentes no Brasil foi confirmada. Em todos os anos eleitorais, mais de 70% dos partidos formaram alianças para a Câmara dos Deputados – sinal de que os partidos brasileiros estão interessados em unir votos para maximizar suas chances de eleger deputados federais.

Com relação à eleição simultânea para governador, apenas alguns partidos lançam candidatos: menos de 30% em todas as eleições. Isso é consistente com o fato de que os partidos maiores (os poucos concentrando recursos eleitorais) monopolizam as disputas.

Os valores máximos para Psize são elevados, mas a mediana e a moda menores do que a média indicam a presença de muitos partidos pequenos nas eleições proporcionais.

Tabela 4.2 Participação dos Partidos em Coligações Eleitorais e Contexto Eleitoral, Câmara dos Deputados (1990-2006)

VD			**0**					**1**		
% Eleco	**1990**	**1994**	**1998**	**2002**	**2006**	**1990**	**1994**	**1998**	**2002**	**2006**
	28,38	22,29	22,05	22,45	23,20	71,62	77,71	77,95	77,55	76,80
VIs			Máximo Mínimo					Média Mediana Moda		
	1990	**1994**	**1998**	**2002**	**2006**	**1990**	**1994**	**1998**	**2002**	**2006**
Magnitude Distrital (log)	4,09	4,25	4,25	4,25	4,25	2,78	2,72	2,72	2,75	2,71
						2,77	2,48	2,48	2,48	2,30
	2,08	2,08	2,08	2,08	2,08	2,08	2,08	2,08	2,02	2,08
Tamanho do Partido	68,40	46,10	50,60	47,10	41,80	9,12	6,27	5,89	4,30	4,16
						1,18	2,60	1,10	0,45	0,60
	0,00	0,00	0,00	0,00	0,00	0,00	0,20	0,00	0,00	0,10
Ideologia do Partido	8,51	8,27	8,48	8,64	8,02	5,09	5,42	5,16	5,38	5,45
						5,10	6,67	6,21	6,94	6,69
	1,23	1,48	1,60	1,66	2,73	8,51	7,02	7,41	6,95	6,74
% GOV										
0	74,92	72,29	72,93	73,73	76,18					
1	25,08	27,07	27,07	26,27	23,82					
IDH	0,795	0,814	0,834	0,854	0,874	0,663	0,690	0,724	0,757	0,790
						0,679	0,710	0,734	0,753	0,782
	0,530	0,574	0,615	0,657	0,698	0,751	0,648	0,806	0,724	0,716

	1990	**1994**	**1998**	**2002**	**2006**
N total	953	648	810	810	783
N válido	303	462	458	628	638

N	650	186	352	182	145
Missing					
Case (%)	68,21 (%)	28,70 (%)	43,46 (%)	22,47 (%)	18,52 (%)

Fonte: cálculos feitos com dados recebidos do TSE, Krause e Power.

A ideologia partidária varia da esquerda para a direita no espectro. O partido típico brasileiro é de centro, mas com inclinação para a direita (a mediana aponta nesse sentido).[10]

Os estados brasileiros têm em média 19 cadeiras na Câmara dos Deputados. No entanto, a moda é 8, significando que a maioria dos distritos (11) tem o número mínimo de cadeiras atribuído na Constituição Federal. Este

[10] A moda também indica que os partidos de centro-direita predominam.

número mínimo de cadeiras se manteve constante ao longo do tempo. O número máximo em 1990 foi de 60; a partir de 1994, manteve-se constante em 70 cadeiras. A mediana indica que, em geral, o Brasil tem estados que elegem 10 deputados federais.

Em relação aos níveis de desenvolvimento, os estados brasileiros são relativamente desenvolvidos, com o valor mais baixo de mediana do IDH igual a 0,68.[11]

A análise considerou unicamente as observações sem *missing data* para nenhuma das variáveis. Dito isto, o que explica o percentual relativamente alto de *missing cases* em 1990 (68,2%) é o retorno do Brasil à democracia apenas quatro anos antes. O sistema político ainda estava se reorganizando. Vários novos partidos lutavam para se tornar "nacionais", ou seja, para atender às exigências do Tribunal Superior Eleitoral e existir em todos os 27 estados. Todos os *missing cases* em 1990 não apresentam valores para tamanho do partido em t-1 (81 observações, ou 8,5%, também não têm valores para ideologia do partido).

Finalmente, embora o ano de 1990 apresente percentual relativamente elevado de *missing cases*,[12] as amostras de todos os outros anos eleitorais são grandes.

A Tabela 4.3 mostra a relação entre as variáveis explicativas.

Todas as correlações estatisticamente significativas são fracas (abaixo de 0,339), indicando a ausência de problemas de multicolinearidade. O teste para o modelo apresentou *Fatores de Inflação da Variância* (VIFs) menores que 1,2; a multicolinearidade preocupa apenas quando VIF> 2,5 (Alisson, 1999). Duas das associações fracas, no entanto, merecem comentário. Em primeiro lugar, a correlação entre tamanho do partido e ideologia é positiva, significando que os maiores partidos tendem a ser de direita; inversamente, os partidos menores tendem a ser de esquerda.[13] Em segundo lugar, a associação entre magnitude distrital e IDH é positiva. Ou seja, magnitudes distritais maiores (estados com maior número de cadeiras

---

[11] A moda também indica que os distritos mais desenvolvidos predominam.

[12] *Missing cases* podem ter enviesado os resultados de 1990. Como exemplo, *missing cases* podem apresentar comportamento diferente das informações incluídas na análise. Infelizmente, não existe metodologia universalmente aceitável para lidar com *missing cases* (Freund, 1980).

[13] As exceções são os partidos nanicos clientelistas.

Tabela 4.3 Correlação de Pearson para Magnitude Distrital (log), Tamanho do Partido, Ideologia do Partido e IDH, Câmara dos Deputados (1990-2006)

VIs	VI: Magnitude Distrital					VI: Tamanho do Partido				
	1990	**1994**	**1998**	**2002**	**2006**	**1990**	**1994**	**1998**	**2002**	**2006**
Magnitude Distrital	1	1	1	1	1	–0,071	–0,037	–0,039	–0,055	–0,022
Sig.	–	–	–	–	–	0,221	0,422	0,402	0,165	0,580
Tamanho do Partido	–0,071	–0,037	–0,039	–0,055	–0,022	1	1	1	1	1
Sig.	0,221	0,422	0,402	0,165	0,580	–	–	–	–	–
Ideologia do Partido	–0,053	0,000	0,016	–0,014	–0,025	0,208	0,190	0,244	0,198	0,150
Sig.	0,358	0,997	0,735	0,718	0,524	0,000	0,000	0,000	0,000	0,000
IDH	0,261	0,267	0,303	0,338	0,325	–0,070	–0,037	–0,035	–0,037	–0,010
Sig.	0,000	0,000	0,000	0,000	0,000	0,227	0,434	0,450	0,353	0,802
VIs	**VI: Ideologia do Partido**					**VI: IDH**				
	1990	**1994**	**1998**	**2002**	**2006**	**1990**	**1994**	**1998**	**2002**	**2006**
Magnitude Distrital	–0,053	0,000	0,016	–0,014	–0,025	0,261	0,267	0,303	0,338	0,325
Sig.	0,358	0,997	0,735	0,718	0,524	0,000	0,000	0,000	0,000	0,000
Tamanho do Partido	0,208	0,190	0,244	0,198	0,150	–0,070	–0,037	–0,035	–0,037	–0,010
Sig.	0,000	0,000	0,000	0,000	0,000	0,227	0,434	0,450	0,353	0,802
Ideologia do Partido	1	1	1	1	1	–0,026	0,009	–0,017	0,009	–0,018
Sig.	–	–	–	–	–	0,650	0,853	0,711	0,814	0,657
IDH	–0,026	0,009	0,017	0,009	–0,018	1	1	1	1	1
Sig.	0,650	0,853	0,711	0,814	0,657	–	–	–	–	–

Fonte: cálculos feitos com dados recebidos do TSE e Power.

na Câmara) são mais desenvolvidas; inversamente, magnitudes distritais menores tendem a ser relativamente menos desenvolvidas.[14]

Veja na Tabela 4.4 o ajuste do modelo resume informações sobre a relação global entre as variáveis independentes e a variável dependente. A interação GOV*PSIZE é levada em conta.

Tabela 4.4 Ajuste do Modelo para Efeitos de Magnitude Distrital, Tamanho do Partido e Ideologia Partidária sobre a Participação do Partido em Coligações Eleitorais, Câmara dos Deputados (1990-2006)

	1990	1994	1998	2002	2006
QUI2	16,198	32,497	55,056	75,992	119,795
(Teste Omnibus)	Sig. 0,013	Sig. 0,000	Sig. 0,000	Sig. 0,000	Sig. 0,000
QUI2	9,636	18,315	13,215	23,808	4,416
(H & L)	Sig. 0,292	Sig. 0,019	Sig. 0,105	Sig. 0,002	Sig. 0,818

Teste Omnibus dos coeficientes do modelo: gl=6; Teste Hosmer & Lemeshow: gl = 8.
Fonte: cálculos feitos com dados recebidos do TSE e Power.

Considerando-se os dois testes acima, o poder explicativo do modelo de 2006 é maior. O pressuposto por trás do teste Hosmer & Lemeshow é que o modelo é perfeito. Se o modelo for perfeito, então QUI2 (valor – valor real) é igual a 0, com o valor-p = 1. Em outras palavras, valores-p altos (com valores QUI2 pequenos, consequentemente) são melhores (Hosmer e Lemeshow, 2000). Aqui, o modelo de 2006 teve melhor desempenho, seguido pelo de 1990 e 1998. Há falta de ajuste tanto em 1994 quanto em 2002.

O teste Omnibus indica a capacidade de previsão conjunta de todas as variáveis independentes. Um bom ajuste é indicado por alto QUI2, com baixo valor-p (Meyers, Gamst e Guarino, 2006). Novamente, o melhor modelo é o de 2006. De acordo com o teste Omnibus, no entanto, todos os anos de eleição podem ser considerados bons (valores-p < 0,05).

Outra forma de avaliar a precisão da previsão do modelo de regressão logística é a tabela de classificação (veja a Tabela 4.5).

[14] A exceção é a capital do Brasil, Brasília (DF). O Distrito Federal tem 8 cadeiras na Câmara. No entanto, goza do maior PIB *per capita* do Brasil.

Tabela 4.5 Classificação para Efeitos de Magnitude Distrital, Tamanho do Partido e Ideologia Partidária sobre a Participação dos Partidos em Coligações Eleitorais, Câmara dos Deputados (1990-2006)

Observado	Previsto														
	ELECO / % Correto														
	1990		1994		1998		2002		2006		1990	1994	1998	2002	2006
	0	1	0	1	0	1	0	1	0	1	Total	Total	Total	Total	Total
ELECO															
0	1	85	1	102	30	71	44	97	55	92	1,16	0,97	27,70	31,21	37,84
1	0	217	0	359	13	344	16	471	26	464	100	100	96,36	96,71	94,69
% Global	1990				1994				1998			2002		2006	
	71,95				77,92				81,66			82,01		81,50	

Valor de corte: 0,500.
Fonte: cálculos feitos com dados recebidos do TSE e Power.

A tabela de classificação mostra que o modelo explica corretamente mais de 71% dos casos. O desempenho é muito alto ao considerar as circunstâncias sob as quais um determinado partido participaria de coligação para deputado federal: 100% em 1990; 100% em 1994; 96,36% em 1998; 96,71% em 2002; e 94,69% em 2006. Não causa surpresa o modelo apresentar desempenho inferior ao tentar explicar as circunstâncias sob as quais um partido *não* participaria de aliança para deputado federal: 1,16% em 1990; 0,97% em 1994; 27,70% em 1998; 31,21% em 2002; e 37,84% em 2006.

Este modelo de regressão logística não explora se um partido participaria ou não de coligação nas eleições proporcionais brasileiras. A probabilidade de um partido formar coligação para deputado federal é, naturalmente, elevada. Em vez disso, meu modelo mede os fatores que *aumentariam* ou *diminuiriam* as chances de um partido entrar em aliança eleitoral no Brasil.

Na Tabela 4.6, exploro o papel das variáveis que explicariam a formação de coligações para deputado federal.

Todas as variáveis, à exceção de magnitude distrital em 1998 e ideologia partidária em 1990, mostram comportamento consistente no decorrer do tempo. Ou seja, quando estatisticamente significativas (interpreto apenas os coeficientes estatisticamente significativos), apontam na mesma direção (sinal + ou –) ao longo dos anos eleitorais. É possível que os resultados de 1990 sejam tendenciosos – uma vez que 68,2% dos casos não foram incluídos na análise.

Tabela 4.6 Efeitos Múltiplos de Magnitude Distrital, Tamanho do Partido e Ideologia Partidária sobre a Participação dos Partidos em Coligações Eleitorais, Câmara dos Deputados (1990-2006)

	Coeficiente Logit				
VIs	**1990**	**1994**	**1998**	**2002**	**2006**
Magnitude Distrital (log)	0,258	–0,156	0,352	–0,318	–0,293
	Sig. 0,186	Sig. 0,344	Sig. 0,055	Sig. 0,035	Sig. 0,054
	EP 0,195	EP 0,164	EP 0,184	EP 0,151	EP 0,149
Tamanho do Partido	–0,001	0,071	0,103	0,117	0,135
	Sig. 0,909	Sig. 0,015	Sig. 0,000	Sig. 0,000	Sig. 0,000
	EP 0,012	EP 0,029	EP 0,027	EP 0,027	EP 0,025
Ideologia do Partido	0,153	–0,177	–0,012	–0,083	–0,146
	Sig. 0,003	Sig. 0,001	Sig. 0,810	Sig. 0,081	Sig. 0,019
	EP 0,051	EP 0,053	EP 0,048	EP 0,048	EP 0,063
GOV *	0,119	0,164	1,918	1,841	2,331
	Sig. 0,755	Sig. 0,640	Sig. 0,000	Sig. 0,000	Sig. 0,000
	EP 0,380	EP 0,350	EP 0,313	EP 0,265	EP 0,283
IDH	–0,747	–3,053	–6,576	0,740	–5,015
	Sig. 0,674	Sig. 0,095	Sig. 0,003	Sig. 0,707	Sig. 0,028
	EP 1,777	EP 1,831	EP 2,147	EP 1,968	EP 2,280
GOV * Tamanho do Partido (interação)	0,023	0,006	–0,085	–0,052	–0,059
	Sig. 0,303	Sig. 0,880	Sig. 0,013	Sig. 0,047	Sig. 0,029
	EP 0,022	EP 0,042	EP 0,034	EP 0,025	EP 0,028
Constante	–0,185	4,296	3,354	0,418	4,744
	Sig. 0,879	Sig. 0,001	Sig. 0,026	Sig. 0,767	Sig. 0,007
	EP 1,221	EP 1,329	EP 1,503	EP 1,413	EP 1,760

* A categoria de referência é GOV=1.
Fonte: cálculos feitos com dados recebidos do TSE, Krause e Power.

Controlando os efeitos de todas as outras variáveis, a magnitude distrital apresenta sinal negativo em 2002 e 2006. As evidências respaldam a hipótese de que os partidos tendem a participar de coligações com mais frequência em magnitudes distritais menores, onde a competição eleitoral é mais acirrada. Para escapar da desproporcionalidade do sistema eleitoral, os líderes políticos podem recorrer aos cartéis eleitorais para agrupar votos e atingir o quociente eleitoral no estado (o número mínimo de votos para ter direito a cadeiras no Congresso). No entanto, em 1998, a variável magnitude distrital apresenta sinal positivo. Significa que, contrário à minha expectativa, em 1998 os partidos participaram de coligações eleitorais com mais frequência em magnitudes distritais maiores.

O sinal positivo do tamanho do partido contradiz a hipótese de que os partidos pequenos estão mais interessados em concentrar votos e participar de alianças eleitorais com mais frequência. Como a variável tamanho do partido resultou com poder explicativo ("Sigs." muito baixos), examino mais à frente este resultado separadamente.

O sinal negativo de ideologia partidária em 1994 e 2006 não corrobora a hipótese de que o movimento da esquerda para a direita na escala ideológica aumenta a probabilidade de adesão a uma aliança eleitoral. À exceção de 1990 (sinal positivo, como esperado), o resultado foi o oposto: da esquerda para a direita na escala ideológica, a probabilidade de um partido participar de coligação diminui. Na conclusão deste capítulo, exponho os motivos.

O sinal negativo de IDH (1998 e 2006) indica que os partidos brasileiros tendem a se envolver com menos frequência em coligações nos estados social e economicamente mais desenvolvidos. O Índice de Desenvolvimento Humano mede os anos de escolaridade, entre outros fatores que aumentam a qualidade de vida. É possível, portanto, que nos estados de IDH mais alto, os brasileiros com mais escolaridade mostrem reserva em aceitar acordos de concentração de votos que não necessariamente sejam mantidos após o dia da eleição. Putnam (1993) mostra que, na Itália moderna, a educação informal e a interação na comunidade constroem "capital social" – o que contribui para relações de confiança e o fortalecimento da democracia. Em outras palavras, onde existe capital social, a "prestação de contas" do eleito junto ao eleitor é maior.

Além disso, os estados com IDH mais alto tendem a ter magnitudes maiores. Isso reforça meu argumento principal, ou seja, que os incentivos para participar de coligações eleitorais são menores em magnitudes distritais maiores. Quanto maior o número de cadeiras em disputa, menos dispostos os políticos estarão para unir esforços em uma aliança eleitoral para concentrar votos e garantir a chance de eleger representantes.

Sobre o impacto da eleição para governador nos cartéis eleitorais para a Câmara dos Deputados: a categoria de referência é GOV = 1 (principal partido da coligação ou partido único com candidato a governador). A variável GOV resultou estatisticamente significante (Sig. 0,000) e positiva (1998, 2002 e 2006). Isso significa que *não* ter candidato a governador na corrida eleitoral simultânea *aumenta* as chances de um partido entrar em coligação nas eleições proporcionais.

Os efeitos da disputa para governador na corrida para deputado federal serão explorados nos próximos dois capítulos. Por agora, basta dizer que meus resultados de regressão múltipla respaldam o argumento que defendo a seguir: os pequenos partidos se abstêm de lançar seus próprios candidatos a governador (GOV = 0) a fim de garantir a ajuda dos partidos maiores (GOV = 1) em coligações para deputado federal. Dessa forma, os pequenos partidos têm mais segurança de que vão atingir o quociente eleitoral para ter condições de eleger deputados federais.

Agora, analiso separadamente os resultados para tamanho do partido. Esta variável, seguida por GOV, resultou em um indicador forte de acordos de concentração de votos nas eleições proporcionais. Diferentemente do esperado, Logit mostra que a relação entre o tamanho do partido e a formação de alianças é positiva (quanto maior o partido, maior sua propensão a participar de um cartel eleitoral, 1994-2006). Entretanto, o que GOV nos diz é que os partidos menores – e não as grandes legendas – são muito dependentes das coligações na corrida para deputado federal. Logo, existem inconsistências nestes resultados?

Para responder a esta pergunta, observe que GOV*PSIZE é negativa (1998-2006). A Tabela 4.7 mostra como a interação entre tamanho do partido

Tabela 4.7 Participação do Partido em Coligações Eleitorais por Tamanho do Partido e Lançamento de Candidato a Governador, Câmara dos Deputados (1990-2006)

	Coligação % (N válidos)				
	1990	**1994**	**1998**	**2002**	**2006**
PS < 1%	68,18%	66,45%	78,53%	80,27%	81,53%
	(110)	(152)	(177)	(299)	(287)
Gov = 0 PS 1–10%	74,68%	87,05%	91,82%	89,34%	85,71%
	(79)	(139)	(110)	(122)	(154)
PS > 10%	86,84%	83,72%	85,11%	90,48%	95,56%
	(38)	(43)	(47)	(42)	(45)
PS < 1%	80,00%	50,00%	20,93%	29,41%	21,54%
	(10)	(20)	(43)	(68)	(65)
Gov = 1 PS 1–10%	51,72%	80,65%	80,56%	78,57%	70,00%
	(29)	(62)	(36)	(42)	(30)
PS > 10%	72,97%	89,13%	86,67%	85,45%	80,70%
	(37)	(46)	(45)	(55)	(57)
Total	71,62%	77,71%	77,95%	77,55%	76,80%
	(303)	(462)	(458)	(628)	(638)

Fonte: cálculos feitos com dados recebidos do TSE e Power.

e GOV pode influenciar os cartéis eleitorais para deputado federal. Para cada um dos dois valores possíveis de GOV (0 ou 1), o tamanho do partido foi classificado em três categorias um tanto arbitrárias: menos de 1% do capital eleitoral; de 1% a 10%; e mais de 10% dos votos. O objetivo é detectar possíveis diferenças no comportamento coligacionista entre estes seis grupos.

A Tabela 4.7 mostra claramente que, quando um partido não tem candidato a governador nas eleições simultâneas (GOV = 0), Psize *não* impacta a formação de coligações na corrida proporcional. Em outras palavras, um determinado partido sem candidato a governador tem relativamente grande probabilidade de participar de coligação para deputado federal, independentemente do tamanho. Os resultados são consistentes ao longo dos anos eleitorais – com exceção de 1990 e 1994.

Ao contrário, quando um partido tem candidato a governador nas eleições simultâneas (GOV = 1), seu tamanho faz diferença. Se o partido é pequeno (Psize 1-10%), há menos propensão de participar de coligação para deputado federal. O percentual cai drasticamente quando se trata de partidos nanicos (Psize < 1%): 20,9% em 1998; 29,4% em 2002; e 21,5% em 2006. Mas os partidos maiores (PS > 10%) com candidato a governador são relativamente muito propensos a formar coligações nas eleições proporcionais: 86,7% em 1998; 85,5% em 2002; e 80,7% em 2006. Como proponho no próximo capítulo, os partidos grandes (GOV = 1) recompensam a ajuda dos menores na corrida para governador formando coligações com estas legendas menores nas eleições para a Câmara. Novamente, os resultados são consistentes ao longo dos anos eleitorais, à exceção de 1990 e 1994.

Os Gráficos 4.1 a 4.5 ilustram didaticamente cada uma das situações descritas anteriormente. Diferentemente de GOV = 0, as colunas GOV = 1 são irregulares e diminuem à medida que o tamanho do partido diminui. Os resultados para 1990 e 1994 são inconsistentes.

Em resumo, os Gráficos 4.1 a 4.5 demonstram que os partidos maiores tendem a formar coligações na disputa proporcional com mais frequência – mas apenas quando têm candidato a governador. Ao contrário, os partidos sem candidato a governador tendem a participar de alianças nas eleições proporcionais em alto grau e *independentemente* de seu tamanho.

Para concluir, GOV = 1 * PS < 1% representou relativamente poucas participações em coligações para a Câmara dos Deputados. Como é praticamente impossível para uma legenda partidária nanica conquistar cadeiras sem contar com

Gráfico 4.1 Participação do Partido em Coligações por Tamanho do Partido e Lançamento de Candidato a Governador, Câmara dos Deputados (1990)

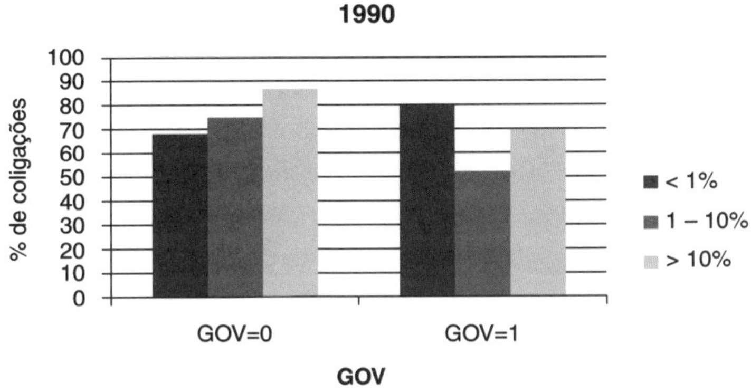

Gráfico 4.2 Participação do Partido em Coligações por Tamanho do Partido e Lançamento de Candidato a Governador, Câmara dos Deputados (1994)

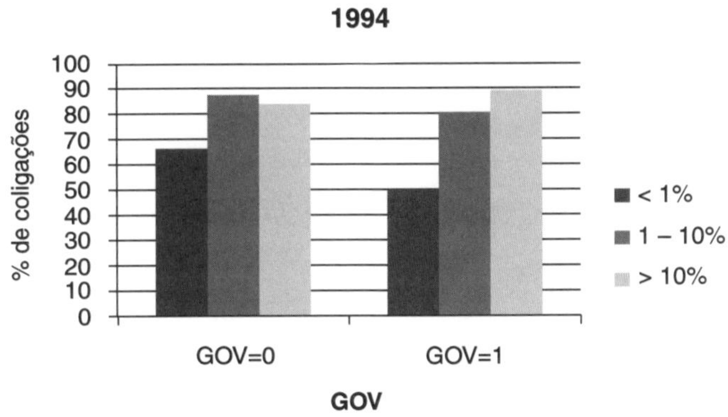

Gráfico 4.3 Participação do Partido em Coligações por Tamanho do Partido e Lançamento de Candidato a Governador, Câmara dos Deputados (1998)

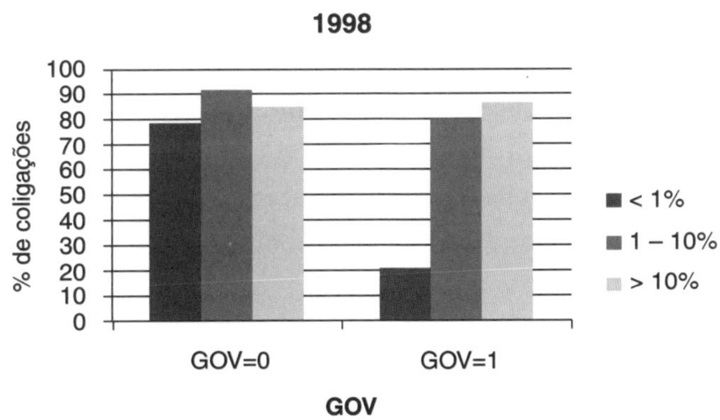

Gráfico 4.4 Participação do Partido em Coligações por Tamanho do Partido e Lançamento de Candidato a Governador, Câmara dos Deputados (2002)

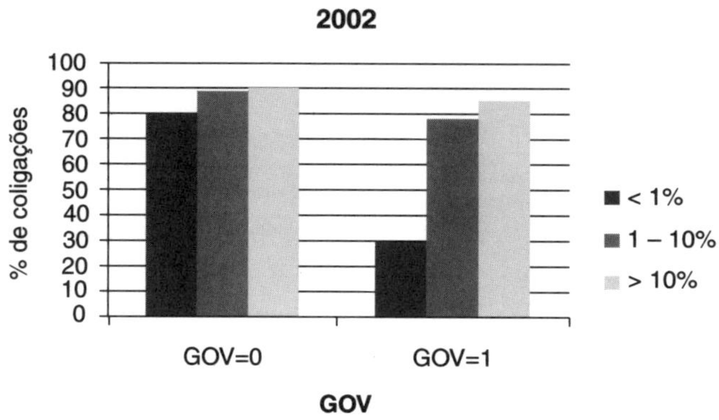

Gráfico 4.5 Participação do Partido em Coligações por Tamanho do Partido e Lançamento de Candidato a Governador, Câmara dos Deputados (2006)

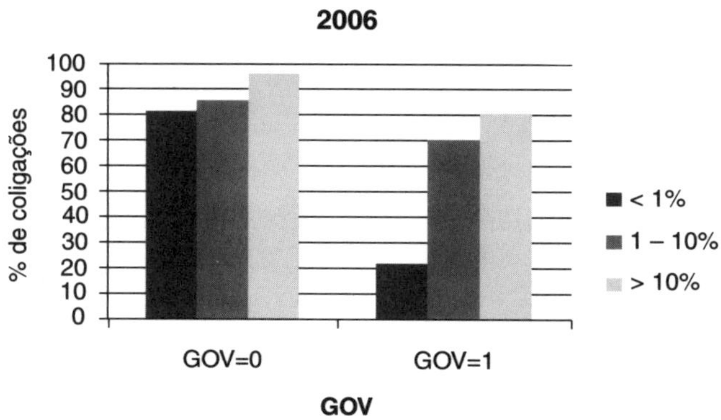

o capital eleitoral de uma coligação, este resultado corresponde à descrição de Samuels sobre fazer carreira política no Brasil. "Um cargo no executivo oferece mais benefícios do que uma cadeira na Câmara" (Samuels, 2003, p. 20).[15]

Em outras palavras, meus resultados de regressão múltipla sugerem que os partidos nanicos (PS < 1%), que normalmente pertencem aos "políticos empreendedores",[16] podem achar vantajoso investir na corrida majoritária estadual (GOV = 1) à custa de conquistar uma das 513 cadeiras na Câmara dos

[15] O argumento completo de Samuels (2003) é que os governadores têm poder (sobre os deputados federais). Por exemplo, eles controlam orçamentos e contratam e demitem no estado.
[16] Consulte a definição de Siavelis e Morgenstern (2008).

Deputados. Power e Mochel (2008) enfatizam que os micropartidos direitistas representam a maior parcela dos candidatos a governador no Brasil (24,8%, 1990-2002). Como estes políticos empreendedores/pequenas legendas optaram por não participar de coligações para governador,[17] suas chances de ter apoio eleitoral em troca – em alianças para deputado federal – são mínimas.

No geral, encontrei evidências de que as chances de um determinado partido participar de aliança na corrida proporcional aumentam 1) em magnitudes distritais pequenas (que tendem a ser relativamente menos desenvolvidas); 2) à medida que se passa da direita para a esquerda na escala ideológica; e 3) quando os partidos se abstêm de lançar seus próprios candidatos a governador.

CONCLUSÃO

As análises de regressão múltipla e simples apontam para a mesma direção. O efeito mecânico de Duverger – segundo o qual os sistemas eleitorais tendem a favorecer os partidos maiores – exerce pressão sobre líderes partidários e eleitores. Como as magnitudes distritais maiores produzem resultados mais proporcionais, os partidos tendem a se sentir menos pressionados nesses estados e participam de coligações eleitorais com menos frequência onde o número de cadeiras em disputa é relativamente alto. Nas magnitudes distritais baixas, os partidos tendem a participar de alianças eleitorais mais vezes.

Os dados mostram que os cartéis eleitorais são muito atraentes nas eleições proporcionais. Os líderes políticos participam de alianças com frequência – em magnitudes distritais pequenas e grandes, em estados mais ou menos desenvolvidos e independentemente de seus partidos estarem à esquerda ou à direita na escala ideológica.

Minha terceira hipótese – que ao passarem da esquerda para a direita na escala ideológica, os partidos formam alianças eleitorais com mais frequência – só foi confirmada em um ano (1990). Em dois anos eleitorais (1994 e 2006), o resultado foi o oposto. É possível que a direita brasileira, composta também de partidos nanicos de "políticos empreendedores", não esteja interessada em participar de coligações para governador, também concorrendo sozinha para

---

[17] Os micropartidos costumam lançar seus próprios candidatos a governador para obter exposição na mídia, na esperança de que serão eleitos na eleição seguinte. Também podem "vender" seu capital eleitoral para a maior oferta, em um eventual segundo turno.

deputado federal (como explico no Capítulo 5, uma vez que esses partidos optaram por lançar sozinhos candidato a governador, eles não terão o apoio de uma coligação na eleição proporcional). Normalmente, esses partidos – que querem atrair todos os eleitores – são criados para satisfazer os desejos de líderes locais poderosos, que talvez entendam que é mais vantajoso concorrer sozinho ao cargo executivo local do que ao Congresso Nacional (como afirma Samuels). Essas ideias serão exploradas mais adiante no livro.

Em relação ao tamanho do partido, esta variável é importante para a formação de coligações quando GOV = 1, isto é, quando há candidato a governador. Em outras palavras, em geral os partidos com candidato a governador são maiores e, como explico nos próximos capítulos, os partidos maiores "vendem" seus votos para os partidos menores em coligações, na eleição proporcional simultânea – formando as mesmas coligações para governador e deputado federal. Os partidos maiores (com GOV = 1) precisam da ajuda dos menores na aliança para governador para ter mais tempo no horário eleitoral gratuito (TV e rádio) para promover suas campanhas. Embora seja possível que partidos pequenos com GOV = 1 mostrem interesse em se aliar com outros partidos pequenos para ter mais tempo no horário eleitoral gratuito, é pouco provável que essa coligação para governador ocorra porque os partidos pequenos não representam grande ajuda para outros pequenos partidos, na aliança para deputado federal.

Para resumir a importância de GOV na política brasileira, por um lado, os partidos com candidato a governador (GOV = 1, o principal partido, e não toda a coligação eleitoral, e as legendas que lançam candidato a governador sozinhas) tendem a ser maiores e mais atraentes aos partidos menores na corrida proporcional simultânea; além disso, esses partidos maiores com GOV = 1 precisam de parceiros na coligação para governador para divulgar seus candidatos. Por outro lado, se o partido com GOV = 1 for pequeno, terá dificuldade de encontrar parceiros para formar coligações nos estados.

Portanto, os modelos indicam que um fator inesperado exógeno é crucial para explicar a formação de coligações na eleição proporcional: a eleição majoritária para governador. No próximo capítulo, aprofundo as estratégias eleitorais dos líderes partidários que relacionam estes dois pleitos. Porém, o que os resultados deste capítulo sugerem é que estudar a corrida para a Câmara isoladamente leva a conclusões equivocadas. Quando as eleições são simultâneas e interligadas no estado, é preciso levar em consideração os possíveis efeitos que concorrer para uma instituição mais forte (o posto "miniexecutivo" de governador) tem sobre as eleições para a Câmara dos Deputados. Este livro é a primeira análise empírica que faz isso – calculando os incentivos que os políticos brasileiros têm para formar coligações eleitorais.

Uma observação sobre os resultados estatísticos mais fracos anteriores a 2002: supondo que os políticos são maximizadores de utilidade, é possível que tenham "aprendido" a evitar o desperdício de votos. "Um líder compra uma carreira e, como comprador racional, ele não tem interesse em um partido que pode perder por toda a vida" (Riker, 1982, p. 765). Dessa forma, por exemplo, com coligações subótimas ou nenhuma coligação em distritos eleitorais muito competitivos, os políticos podem ter percebido, com o tempo, que precisavam mudar suas estratégias para vencer.

Para concluir, a verticalização vigorou de 2002 a 2006. Como proponho no Capítulo 5, essa decisão judicial representou restrição adicional para os líderes partidários. Os políticos tinham menos possibilidades de fazer coligação eleitoral no estado. Várias legendas se abstiveram da eleição presidencial para estar livres para formar alianças no estado. E eles fizeram isso com mais frequência em magnitudes distritais pequenas, como mostra a relação negativa entre magnitude distrital e a participação dos partidos em cartéis eleitorais. Em magnitudes distritais menores, onde a sobrevivência eleitoral está em jogo, a maioria dos partidos não quer correr o risco de não poder participar de alianças eleitorais; dessa forma, evitaram lançar candidatos presidenciais.

CAPÍTULO 5

Participação dos Partidos em Coligações: Eleições "Ocultas", Incentivos Adicionais para a Competição

Neste capítulo, detalho os parâmetros institucionais que podem gerar incentivos adicionais na competição partidária. Especificamente, espera-se que eleições simultâneas, em conjunto com algumas características da legislação eleitoral, reforcem a coordenação estratégica dos atores políticos (Shugart, 1995; Jones, 1997a e 1997b; Samuels, 2000a, 2000b e 2003; Power e Mochel, 2008).

No Brasil, como os incentivos para a formação de coligações nos diferentes níveis não são os mesmos, a teoria das alianças entre partidos precisa ser explorada a fundo. Ou seja, juntando as corridas para presidente (nível nacional), deputado federal (nível federal-estadual) e governador (nível estadual) – um jogo de três níveis.

Primeiro demonstro que as coligações para deputado federal e governador estão interligadas. Como abordei brevemente no Capítulo 4, a eleição simultânea para governador influencia a corrida proporcional para a Câmara dos Deputados. Os partidos grandes com candidato a governador tendem a ajudar as

Uma versão em inglês deste capítulo foi publicada na Latin American Politics and Society: Machado, Aline. 2009. "Minimun Winning Electoral Coalitions Under Presidentialism: Reality or Fiction? The Case of Brazil". Latin American Politics and Society, 51(3): 87-110.

legendas pequenas a conseguir representação na câmara baixa. Em contrapartida, os partidos pequenos apoiam as campanhas para governador dos partidos maiores. Devido à lei eleitoral descrita no Capítulo 2, os partidos pequenos são importantes para o cartel eleitoral. Eles agregam "ativos" relevantes para a eleição do governador – como o horário eleitoral gratuito (Lavareda, 1991; Nicolau, 1996).

Embora isso possa indicar que os líderes partidários têm incentivos para incluir muitos parceiros na aliança, proponho que os políticos evitem se envolver em coligações eleitorais maiores do que as "minimamente vitoriosas" – alianças que deixam de ser vitoriosas quando um membro é subtraído (Riker, 1962). Basicamente, os partidos com candidato a governador são forçados a estimar as vantagens de expandir excessivamente o número de parceiros eleitorais; como consequência, também têm mais concorrentes dentro da coligação para deputado federal.

Essa restrição de tamanho é semelhante àquela enfrentada pelos legisladores sob o parlamentarismo, a fonte da teoria minimamente vitoriosa. Nos sistemas presidencialistas, os partidos eleitorais maximizam cadeiras e minimizam concessões para que sejam levados em consideração pelo presidente eleito. Nos sistemas parlamentaristas, onde executivo e legislativo são unificados, maximizar poder significa conseguir o máximo possível de posições de gabinete.

Sugiro que a exigência do teto minimamente vitorioso se tornou ainda mais forte sob a verticalização. Afirmo que, durante o período 2002-2006, a decisão do Tribunal Superior Eleitoral alterou os cálculos da seguinte forma: o TSE estimulou as elites políticas a serem "agressivas", procurando ainda mais coligações que pudessem trazer resultados vencedores. Sob a verticalização, como as vantagens/desvantagens de uma dada aliança seriam compartilhadas não só no estado, mas também na corrida presidencial, minha previsão é que os políticos tenham sido cautelosíssimos ao aceitar membros dentro da coligação eleitoral.

No final do capítulo, lembro que a verticalização provavelmente empurrou os chefes partidários para a formação de alianças minimamente vitoriosas também relativamente mais ideologicamente homogêneas. Conforme De Swaan (1973) e Axelrod (1970 e 1997), as negociações são mais fáceis de serem concluídas quando os partidos da aliança são semelhantes. Uma vez que os políticos foram induzidos a chegar a acordos eleitorais mais complexos após a verticalização, minha previsão é que as coligações minimamente vitoriosas com partidos ideologicamente semelhantes tenham aumentado.

Primeiro revisito as ideias de Riker. Depois, revejo as estratégias que os líderes partidários tinham disponíveis sob a verticalização. O objetivo é abrir caminho para testar a existência de coligações eleitorais minimamente vitoriosas, antes e depois da decisão do TSE.

COLIGAÇÕES MINIMAMENTE VITORIOSAS: A TEORIA

Muitos estudiosos já ofereceram previsões sobre que tipo de alianças (de governo, coalizões) seriam formadas em sistemas parlamentaristas. Riker (1962), o primeiro a propor uma teoria formal de alianças que pudesse ser usada para o estudo da política, sugere três proposições: 1) o princípio do tamanho ("tamanho minimamente vitorioso"); 2) o princípio estratégico (o movimento em direção ao tamanho minimamente vitorioso); e 3) o princípio do desequilíbrio (a eliminação seletiva dos participantes). A ideia geral é que, com informação completa e perfeita, alianças vitoriosas tendem a ser mínimas em relação ao tamanho.

Por trás do esforço para atingir esse tamanho minimamente vitorioso, há um cálculo: já que os ganhos devem ser divididos entre os partidos da aliança, adicionar gente demais é irracional. Afinal, tendo-se em mente a afirmação de Gamson (1961) de que "os participantes esperam que cada qual demande da aliança resultados proporcionais à quantidade de recursos que cada um contribui para a aliança" (p. 376), é plausível acreditar que o incentivo para eliminar integrantes sempre estará presente.

Apesar de claras e objetivas, as proposições de Riker não explicam tudo. Especificamente, Riker não examina o papel da ideologia na formação de alianças. Além disso, é possível que o resultado seja diferente da expectativa "minimamente vitoriosa" porque os participantes não possuem informação precisa sobre quando a aliança atinge o tamanho mínimo. "Mesmo que os integrantes de uma aliança vitoriosa saibam que ela é vitoriosa, eles continuam acrescentando membros até chegar a um tamanho maior do que o mínimo" (1962, p. 43). Em outras palavras, a percepção de alianças minimamente vitoriosas vira uma "estimativa subjetiva".

De Swaan (1973) reconhece que, no mundo real, os partidos tendem a formar "alianças vitoriosas que excedem o tamanho mínimo". No entanto, "os atores preferem formar alianças com diversidade ideológica mínima a maximizar resultados" (p. 74). Essas alianças ideologicamente "fechadas" – como De Swaan as denomina – prevaleceriam porque "os integrantes da aliança menor vão preferir formá-la, uma vez que as negociações são menos complicadas, e a aliança se mantém mais facilmente – outras variáveis constantes – com menos partidos" (Leiserson, 1970, p. 90).

Semelhantemente a De Swaan, Axelrod (1970 e 1997) defende que alianças "conectadas" – aquelas em que os partidos são próximos no espectro esquerda-direita – predominariam porque, apesar de mais integrantes representarem mais recursos, dividir os resultados com partidos rivais é subótimo. Portanto, inerente ao raciocínio de Axelrod está a suposição de que os partidos tentam maximizar benefícios – minimizando as possibilidades de sucesso do adversário.

Partindo desse conjunto de reflexões, Franklin e Mackie (1984) replicaram as análises de acadêmicos dedicados ao estudo de alianças de governo em democracias parlamentaristas. Os autores concluem que "a combinação de ideologia mais tamanho tem desempenho consideravelmente melhor do que qualquer um desses itens sozinho" (p. 684).

Concentrando na influência de ideologia, Laver e Budge (1992) confirmam que tem papel importante na formação de governos de coalizão europeus, apesar de nenhum modelo único explicar todos os sistemas. Políticos na "Irlanda, Alemanha e Itália tendem a perseguir a eleição como objetivo fim... [enquanto] a ideologia parece predominar como objetivo fim e a eleição como objetivo meio, na maioria dos outros países" (p. 413).

Ao todo, em sistemas parlamentaristas, esperam-se 1) alianças (de governo) minimamente vitoriosas 2) entre partidos que ocupam segmentos próximos da escala ideológica. Para verificar se é o que acontece no contexto eleitoral do presidencialismo, entretanto, mais de um nível de análise precisa ser considerado, já que tentativas de maximizar votos – minimizando concessões de cargo ou ideológicas – envolvem jogadores nos níveis nacional e subnacional.

O Brasil é um caso excelente de teste para essas proposições, tendo em vista que as alianças eleitorais entre partidos são permitidas em todos os níveis. Para oferecer este modelo, começo com algumas anotações sobre as instituições políticas brasileiras e como interagem, resultando em uma lógica de formação das coligações eleitorais.

AS INTRINCADAS NEGOCIAÇÕES PARA A FORMAÇÃO DE COLIGAÇÕES ELEITORAIS NO ESTADO

Estudando os efeitos tanto de eleições coincidentes quanto da legislação eleitoral sobre o número efetivo de partidos em doze democracias (inclusive o Brasil), Shugart (1995) conclui que eleições simultâneas e regras locais reduzem o número de partidos a dois. Isso daria aos "candidatos ao legislativo as vantagens de estarem aliados ao candidato à presidência, mas também independência eleitoral para adequar suas mensagens e comportamento às necessidades do eleitorado local" (p. 335).

Acrescentando ao trabalho de Shugart, Jones (1997a e 1997b) usa dados da Argentina para defender que o multipartidarismo no legislativo é determinado pelo grau de coincidência entre as eleições para governador e para o Congresso. Onde o poder político é descentralizado, como na Argentina e no Brasil, eleições subnacionais podem influenciar os resultados para o legislativo.

Em relação ao Brasil, Samuels (2000a, 2000b e 2003) juntou as ideias de Shugart e Jones para examinar as eleições de 1994 e 1998 para presidente, deputado federal e governador (as eleições são simultâneas desde 1994). O autor desenvolve a hipótese de que eleições simultâneas aumentam a coordenação e geram *coattails*,[1] diminuindo o número de listas partidárias concorrendo ao Congresso.

Samuels reporta *coattails* presidenciais e para governador estatisticamente significantes – apesar de os *coattails* para governador predominarem – e oferece duas generalizações sobre o Brasil. Primeiro, já que os candidatos a deputado são nomeados no estado, apoiando-se nas máquinas partidárias estaduais para vencer eleições enquanto formam alianças congruentes[2] com aquelas para governador, as eleições para governador ofuscariam a relação entre o presidente e o Congresso. Segundo, como as coligações dificilmente são congruentes de estado para estado e quase sempre não duram depois da eleição, os deputados

---

[1] *Coattails* são definidos na política americana como acontecendo do presidente para baixo. É como se os políticos do partido do presidente se elegessem graças à popularidade dele. Consulte Hershey, 2007, p. 272.

[2] "Se os partidos AB e CD se aliam para apresentar candidatos presidenciais, alianças congruentes teriam AB e CD apresentando candidatos a governador e a deputado em determinado estado. Em contraste, alianças incongruentes teriam AB e CD com candidatos presidenciais, enquanto AC e BD apresentariam candidatos a governador e a deputado" (2003, p. 89).

federais não se focariam em política nacional. Diante de pouca disciplina partidária e do federalismo, o presidente teria dificuldades para governar.[3]

No restante desta seção, avalio o impacto das duas conclusões de Samuels sobre este livro. Relaciono os argumentos do autor com outras visões sobre os processos eleitoral e legislativo no presidencialismo brasileiro. Explico que 1) as coligações para deputado federal e governador são interligadas; que 2) enfrentando limites num ambiente de arenas eleitorais interligadas no estado, os políticos juntam esforços para ganhar cadeiras legislativas, evitando alianças muito grandes; e que 3) há motivos para acreditar que essas coligações sigam uma lógica ideológica. Confirmo também que a teoria sobre alianças minimamente vitoriosas pode ser aplicada aos regimes presidencialistas, incluindo o Brasil, onde as eleições legislativas são federais.

Apesar de Brambor, Clark e Golder (2006) terem descartado os *coattails* de Samuels (do candidato a governador),[4] para o propósito deste livro é suficiente reconhecer que Samuels enfatiza que eleições simultâneas tornaram a coordenação eleitoral mais fácil (na forma de alianças congruentes no estado), não importando o resultado dessa manobra. Principalmente, segundo Samuels, os candidatos a deputado federal e a governador tendem a se associar porque *acham* que é mais vantajoso – em comparação com uma aliança com o candidato presidencial (pelo menos, antes da verticalização). A seguir, esclareço o motivo.

Por um lado, o partido com candidatos a deputado federal tende a contar com o apoio do partido grande do candidato a governador – numa coligação na eleição proporcional simultânea. Como o Brasil usa a lista aberta[5] para eleger deputados federais, isso é muito atraente para os partidos menores: eles podem se beneficiar com a transferência de votos dentro da coligação.[6] No Brasil, os candidatos a deputado têm centenas de adversários eleitorais, e a incerteza em relação ao resultado é alta. Por isso, partidos e candidatos precisam maximizar

[3] Da mesma forma, Mainwaring (1991) e Ames (2001) argumentam que os partidos brasileiros são fracos e indisciplinados.

[4] Estes autores explicam que Samuels tira conclusões de um modelo de interação que omite os termos constitutivos. "Contrariamente às conclusões de Samuels, a evidência de um modelo completo indica que, se existem *coattails* nas eleições brasileiras, então, é o presidencial, e não o do candidato a governador" (p. 16).

[5] Os candidatos não vêm em ordem; aqueles com mais votos são eleitos.

[6] Por causa da lista aberta, uma lista única para a aliança é formada. Os candidatos com mais votos, não importa o partido, são eleitos.

votos para ganhar assentos legislativos (Mainwaring, 1999). Além disso, como o quociente eleitoral[7] é relativamente alto em magnitudes distritais menores,[8] nestes distritos/estados os partidos em geral concentram esforços para eleger deputados federais. Neste contexto, o apoio de outros partidos (grandes), numa aliança, é valioso (Schmitt, 1999; Braga, 2006).

Por outro lado, por causa da legislação eleitoral, alianças maiores significam mais tempo gratuito na mídia para a campanha do candidato a governador. Diferentemente da corrida proporcional, em que "as centenas de candidatos ao Congresso ganham apenas alguns segundos" (Ames, 2001, p. 43), o candidato a governador não divide o tempo da aliança na TV e no rádio com nenhum outro nome (apenas com o vice).[9] Além disso, aqueles (pequenos) partidos com candidatos a deputado podem oferecer recursos humanos à campanha do governador para conseguir votos nas ruas, e vice-versa. Em resumo, os políticos barganham de forma que as alianças nesses dois níveis simultâneos compartilhem acordos em termos de dividendos eleitorais (Lavareda, 1991; Nicolau, 1996). Samuels não foi explícito, mas é precisamente por isso que essas coligações geralmente contêm os mesmos partidos.

Para deixar claro, não estou afirmando que os partidos não consideram a eleição presidencial quando formam suas alianças. Oferecendo comentários sobre coligações eleitorais antes da verticalização, Power e Mochel (2008) concordam que eleições simultâneas têm "forçado os maiores partidos a coordenar suas coligações com mais cuidado" (p. 223). Mas o fato é que as coligações no estado são mais viáveis. O Brasil tem 27 distritos eleitorais (estados), e mais ou menos 30 partidos concorrem regularmente à Câmara dos Deputados em alianças (Sousa, 2006). Assim, coordenar vantagens eleitorais para vencer em cada estado fica mais complicado quando mais um jogador é adicionado: o partido que concorre à presidência.

---

[7] Os assentos da Câmara dos Deputados são distribuídos em cada distrito de acordo com o quociente eleitoral (votos válidos divididos pelo número de cadeiras). O número de votos que cada lista partidária obteve é dividido pelo quociente eleitoral. O resultado é o quociente partidário, e cada lista partidária elege tantos deputados federais quanto indicados pelo seu quociente partidário.

[8] Quanto maior a magnitude, mais proporcional a relação entre votos e cadeiras (Taagepera e Shugart, 1989).

[9] Os candidatos também podem pagar por propagandas curtas na TV e no jornal. Propagandas impressas têm pouco impacto (Straubhaar, Olsen e Nunes, 1993). Lourenço (2003) mostra uma relação positiva entre tempo gratuito na mídia e vitória nas urnas.

Além disso, como Abrucio (1998) enfatiza, depois do retorno à democracia, em 1986, a primeira eleição para governador (1986) aconteceu antes da primeira eleição presidencial (1989). Ou seja, os incentivos para a formação de coligações eleitorais (tempo gratuito na mídia e contagem de votos agregada, dentro da coligação) se originaram no estado.

Agora, enquanto alguém poderia sugerir que os líderes partidários adicionam indefinidamente membros à coligação para maximizar resultados, argumento que o sistema de lista aberta usado no Brasil – reforçado pelo fato de que eleições coincidentes facilitam a coordenação – mitiga essa tendência.

Especificamente, aqueles partidos da aliança que esperam atingir o quociente mais facilmente na eleição proporcional (os partidos maiores, que também disputam a eleição para governador) pressionam na direção de poucos partidos na aliança. É que, por causa da lista aberta, quanto maior esse número, tanto mais provável que o voto se espalhe na direção de outros partidos/candidatos, dentro da coligação, na eleição proporcional. "O ´pagamento´ será feito nas eleições legislativas; disputando a eleição legislativa numa coligação, os partidos grandes, enquanto dão espaço aos pequenos da coligação, reduzem suas chances de ganhar um número maior de assentos no legislativo" (Kinzo, 2003, p. 58). Simultaneamente, na eleição para governador, quanto maior a coligação, mais tempo gratuito na mídia. Mas os partidos com candidato a governador não querem parceiros desnecessários na corrida proporcional (pelos motivos mencionados).

Sem dúvida, é difícil entender um jogo vislumbrando apenas um nível de análise; frequentemente, as decisões estão interligadas por meio de "múltiplas arenas" (Tsebelis, 1990). No caso específico do Brasil, se os atores políticos parecem não escolher uma estratégia ótima, na realidade, estão envolvidos em um jogo mais amplo. Os ganhos e as perdas em uma arena eleitoral com frequência estão relacionados aos ganhos e às perdas em outra.

Então, os partidos maiores, com candidato a governador, podem aceitar prováveis perdas numa aliança, na eleição proporcional. Eles fazem isso em troca de ganhos na coligação da eleição majoritária, no estado. De forma semelhante, os partidos menores podem desistir de apresentar seus próprios candidatos a governador e entrar na coligação do partido grande. Assim, terão votos extras para eleger representantes, na coligação da eleição proporcional. Em resumo, a distribuição de recursos eleitorais é crucial porque os ganhos e as perdas serão divididos não só dentro da aliança, mas entre elas (as coligações para deputado federal e governador). No estado, os líderes partidários dosam o número de parceiros dentro da coligação para que seja o mínimo necessário em termos de contribuições/concessões eleitorais – nessas duas eleições, em conjunto – para vencer.

Avançando em direção à segunda generalização de Samuels – que as coligações eleitorais envolvem diferentes participantes –, novas pesquisas indicam que esse processo não é aleatório. De 1990 a 2002, a distância ideológica explica se dois partidos formarão uma coligação eleitoral (Lyne, 2005), sinal de que estão preocupados com a reputação do partido (Lyne, 2004). As elites políticas têm receio de formar alianças eleitorais com estranhos porque os eleitores são uma limitação imediata às ações dos políticos (Golder, 2006). Portanto, contrário ao que Samuels insinua, há motivos para esperar que as coligações eleitorais (minimamente vitoriosas) no Brasil contenham parceiros similares, na linha de De Swaan (1973) e Axelrod (1970 e 1997).

Além disso, contra Samuels, na arena legislativa, dado que a presidência é forte,[10] os presidentes brasileiros usam seus poderes de decisão de agenda para alimentar os desejos dos partidos de construir coalizões de governo (quase) majoritárias e aprovar leis (Limongi e Figueiredo, 2000 e 2006). O executivo também controla o Orçamento para cooptar políticos individuais, se necessário (Raile, Pereira e Power, 2006). Trocando em miúdos, enquanto *candidatos* a deputado federal e a governador têm incentivos eleitorais para se juntarem em coligações para vencer (como Samuels reivindica), *legisladores* precisam ser leais não ao governador eleito,[11] mas ao presidente (diferentemente do que Samuels defende). Afinal, cooperar com o governo central assegura dinheiro, já que o presidente favorece seus aliados ao autorizar a execução do Orçamento da União (Vaz, 2001). Esses recursos são importantes: podem ser aplicados ao trabalho no estado (Santos, 2002), promovendo reconhecimento/reeleição.[12]

Nesse sentido, apesar de o federalismo tender a introduzir um elemento adicional de incerteza organizada – dando voz às unidades subnacionais na

---

[10] Shugart e Carey (1992) explicam que a presidência brasileira é uma das mais poderosas do mundo, com fortes poderes reativos, pró-ativos e de agenda. "As regras do jogo político são enviesadas a favor do executivo" (p. 184).

[11] Carey e Reinhardt (2004), por exemplo, mostram que o governador não influencia os legisladores na hora do voto.

[12] Por motivos similares, os governadores também cortejam o presidente. Os governos estaduais têm pouca autoridade econômica sobre os estados, evitam apertos no Orçamento pedindo emprestado, compartilham receitas e o governo central pode alterar alocações de autoridade e de responsabilidade entre os níveis de governo (Ames, 2001).

política nacional (Abrucio e Samuels, 2000) –, no Congresso o presidente brasileiro tem poder para agir como neutralizador.

Em outras palavras, a premissa defendida aqui – de que uma semelhança de objetivos partidários no presidencialismo e no parlamentarismo permite o uso de modelos de coalizão para explicar coligações eleitorais – se sustenta. Os cálculos dos jogadores nos regimes presidencialistas com eleições federais legislativas são minimizar custos eleitorais, enquanto maximizam representação. No presidencialismo, mais assentos legislativos, que resultam de um cálculo eleitoral envolvendo os aliados cruciais para a vitória, significam força partidária – para a consideração do presidente, depois da eleição. No parlamentarismo, mais assentos legislativos, com menos parceiros para repartir os dividendos, é igual a assumir o governo. "Para entrar no gabinete, um partido minoritário terá que se associar a um partido ou mais, mas vai resistir à inclusão de partidos desnecessários na coalizão porque isso reduziria sua participação de ministros no gabinete" (Lijphart, 1984, p. 48).

Lembrando que o conjunto de regras eleitorais no Brasil motiva os atores políticos a minimizar o número de participantes dentro da coligação, ao mesmo tempo maximizando as chances de eleger representantes, espero alianças dentro dos princípios minimamente vitoriosos de Riker. Além disso, essas coligações devem ser formadas por partidos afins, como sugerido pelos seguidores de Riker.

Agora, sob a verticalização, a formação de coligações mudou? A verticalização oferece um experimento interessante para a análise do comportamento político no contexto de uma competição em três níveis, uma vez que ligou formalmente as eleições para presidente com aquelas para o Congresso e para governador. Acredito que a verticalização tenha forçado os partidos a reavaliar seus recursos eleitorais – sendo (mais) prudentes em termos de parceiros na aliança, já que ter candidato a presidente restringia a formação de alianças nos estados.

A FORMAÇÃO DE COLIGAÇÕES ELEITORAIS SOB A VERTICALIZAÇÃO

Recordando, em 2002 e 2006, o Tribunal Superior Eleitoral (TSE) determinou que as coligações fossem "compatíveis verticalmente", do nível mais alto (presidência) até o distrito. Assim, qualquer partido que planejasse concorrer à presidência não poderia mais formar alianças com partidos rivais, nas eleições legislativas e para governador, simultâneas.

Especificamente, os líderes partidários tinham em mente dois cenários: 1) se meu partido ou coligação não tiver candidato presidencial, estará livre no estado; e 2) se meu partido ou coligação tiver candidato presidencial, deverá repetir este arranjo eleitoral no estado (se desejar, poderá acrescentar aqueles partidos que ficaram fora da disputa para presidente). Forçando os chefes partidários a pensar em termos de compensações nacionais *versus* locais, a verticalização impôs aos políticos a necessidade de reconsiderar as vantagens/desvantagens que a competição para presidente pudesse envolver, principalmente no estado (Sousa, 2006; Fleischer, 2007).[13]

Em relação à eleição presidencial, sob a verticalização (2002-2006), o cenário era bem diferente de 1998, como mostra a Tabela 5.1.

Tabela 5.1 Candidatos e seus Partidos/Coligações, Eleições Presidenciais (1994-2006)

1994 N = 8	1998 N = 12	2002 N = 6	2006 N = 7
PSDB/PFL/PTB FHC	PSDB/PFL/PPB/PTB FHC	PSDB/PMDB Serra	PSDB/PFL Alckmin
PT/PSB/PC do B/ PSTU/ PCB/PPS Lula	PT/PDT/PSB/PC do B Lula	PT/PC do B/ PL/PMN/PCB Lula	PT/PRB/PC do B Lula
PRONA Enéas	PRONA Enéas	PSB/PGT/PTC (PRN) Garotinho	PSOL/PSTU Heloísa Helena
PDT Brizola	PPS/PL/PAN Ciro Gomes	PPS/PDT/PTB Ciro Gomes	PDT Cristovam
PSC Brigadeiro Fortuna	PMN Ivan da Frota	PSTU José Maria	PSDC José Maria
PPR Espiridião Amin	PV Sirkis	PCO Rui Pimenta	PSL Luciano Bivar
PRN Carlos A. Gomes	PSTU José Maria		PRP Ana Maria R.
PMDB Orestes Quércia	PT do B João de Deus		
	PSDC José Eymael		
	PTN Ruiz		
	PSC Sérgio Bueno		
	PSN (PHS) Vasco Neto		

Fonte: dados recebidos do TSE.

[13] Para deixar claro, a verticalização não exigiu que as alianças fossem feitas exatamente dos mesmos partidos, nem verticalmente (da presidência para baixo) nem horizontalmente (deputado federal e governador).

Em 2002, duas coligações para presidente tinham chances de vencer a eleição. O PT (Partido dos Trabalhadores) manteve um de seus aliados da eleição anterior, o PC do B (Partido Comunista do Brasil), e aumentou em um o número de parceiros. O PSDB (Partido da Social Democracia Brasileira, de centro-direita) se aliou com o PMDB (principal partido centrista, Partido do Movimento Democrático Brasileiro), mas perdeu todos os outros parceiros. Dois partidos grandes e importantes, que tinham participado da coligação presidencial do PSDB em 1998 (Partido da Frente Liberal e Partido Progressista Brasileiro, ambos de direita) se abstiveram da corrida presidencial em 2002. Sete legendas partidárias nanicas (PV, PT do B, PSDC, PRONA, PTN, PSC e PSN, todos exceto o PV à direita)[14] não lançaram candidatos presidenciais.

Em 2006, a maioria dos partidos não lançou candidato à presidência. Formou-se apenas uma coligação eleitoral, além das duas favoritas (PT *versus* PSDB): Partido Socialismo e Liberdade/Partido Socialista dos Trabalhadores Unificado.[15] No geral, comparando-se as alianças para presidente (1994-1998 *versus* 2002-2006), as coligações formadas sob a verticalização (2002-2006) são ligeiramente menores.

Grosso modo, houve menos candidatos presidenciais/coligações sob a verticalização (2002-2006): treze. Antes do período afetado pela decisão do TSE (1994-1998), o número de candidatos à presidência/coligações totalizava vinte. Embora essa queda não possa ser atribuída apenas à verticalização,[16] é o menor número desde o retorno do Brasil à democracia.

Além disso, dois padrões de comportamento indicam que a decisão judicial levou as elites políticas a se retirar da corrida presidencial para se concentrar no estado. Primeiro, apenas os potenciais candidatos presidenciais positivamente avaliados nas pesquisas concorreram,[17] arcando com os custos eleitorais

[14] O PSN mudou de nome para PHS. O mesmo aconteceu com o PTC, em 2002.

[15] O PSOL (Partido Socialismo e Liberdade) foi criado em 2006 por dissidentes do PT como alternativa de esquerda ao governo Lula.

[16] Outros motivos podem ter influenciado os partidos a não concorrerem. Por exemplo, em 2002, a potencial candidata à Presidência pelo PFL (Partido da Frente Liberal), Roseana Sarney, se viu envolvida em um escândalo de corrupção. A repercussão do inquérito fez o PFL optar por não indicar candidato presidencial.

[17] Há três exceções: o PSTU, o PCO e o PSOL, da extrema esquerda nanica. Os objetivos desses partidos eram essencialmente criticar o "caminho neoliberal" do esquerdista PT. Para isso, lançaram os próprios candidatos presidenciais, adquirindo alguns minutos de propaganda gratuita para criticar Lula e o PT na mídia. Para obter mais informações, consulte Cucolo (2002) e Saisi (2003).

associados à replicação do arranjo presidencial. Segundo, a maioria dos pequenos partidos se absteve da corrida presidencial, ficando livres para negociar com os aliados estado por estado para aumentar as chances de atingir o quociente eleitoral na disputa proporcional, em coligações (Sousa, 2006).

A questão permanece, no entanto: até que ponto o comportamento coligacionista mudou por causa da verticalização? Evidências persuasivas precisam incluir a corrida proporcional, já que todos os partidos que evitaram a disputa presidencial nomearam candidatos ao Congresso por meio de coligações eleitorais (Sousa, 2006; Fleischer, 2007).

Além disso, embora a decisão judicial tivesse permitido os "abstêmios presidenciais" a formar alianças eleitorais nos níveis abaixo como desejassem, a maioria dessas legendas ainda dependia dos "partidos presidenciais" para se aliar ao Congresso, melhorando assim a chance de eleger representantes. Portanto, que tipos de alianças os partidos formaram no estado? No próximo capítulo, apresento um modelo para testar os efeitos da verticalização do TSE sobre a formação de coligações eleitorais, incluindo seu perfil ideológico.

CAPÍTULO 6

Coligações Eleitorais Minimamente Vitoriosas sob o Presidencialismo: O Caso Brasileiro

No Capítulo 5, expliquei que os incentivos partidários para participar de coligações eleitorais são complexos. Nos estados, os líderes partidários levam em consideração a eleição para governador ao formar alianças para a Câmara dos Deputados. Argumentei que, como as coligações devem satisfazer a ambos os lados – ao mesmo tempo em que não exageram no número de partidos que vão compartilhar os retornos eleitorais – estas alianças precisam necessariamente conter o cálculo minimamente vitorioso.

Durante o período da verticalização (2002-2006), quando os líderes foram forçados a levar a eleição presidencial em conta e a reavaliar o número de parceiros eleitorais, é muito provável que as coligações tenham incluído número ainda menor de partidos. Argumentei que os políticos adotaram essa estratégia para ganhar as eleições, após a decisão do TSE.

Neste capítulo, levanto hipóteses baseadas na discussão do Capítulo 5, operacionalizo as variáveis e prossigo com os testes empíricos.

Uma versão em inglês deste capítulo foi publicada na Latin American Politics and Society: Machado, Aline. 2009. "Minimun Winning Electoral Coalitions Under Presidentialism: Reality or Fiction? The Case of Brazil". Latin American Politics and Society, 51(3): 87-110.

RESUMO DAS HIPÓTESES

Serão testadas duas hipóteses:

H1: A verticalização levou os partidos a formar coligações eleitorais minimamente vitoriosas, nos termos de Riker (1962), porque a decisão do TSE aumentou os custos de incluir aliados desnecessários. Os retornos eleitorais – basicamente, horário eleitoral gratuito e concentração de votos – seriam compartilhados em todos os estados e nas eleições para presidente;

H2: A verticalização levou os partidos a formar coligações eleitorais minimamente vitoriosas mais ideologicamente homogêneas, uma proposição derivada de De Swaan (1973) e Axelrod (1970 e 1997). Estes autores argumentam que é mais fácil negociar se as partes são ideologicamente semelhantes. Como os líderes partidários foram induzidos a chegar a acordos eleitorais mais complexos – relacionando as eleições para presidente, deputado federal e governador –, minha previsão é que as alianças eleitorais minimamente vitoriosas com partidos similares tenham prevalecido após a verticalização.

As hipóteses citadas serão testadas utilizando os dados fornecidos principalmente pelo Tribunal Superior Eleitoral.[1] Analiso quatro eleições simultâneas consecutivas para deputado federal e governador: antes da verticalização (1994-1998) e após a decisão do TSE (2002-2006).[2]

A unidade de análise é a coligação eleitoral, em cada um dos 27 estados.

MODELAGEM E OPERACIONALIZAÇÃO DAS VARIÁVEIS

As duas variáveis estão detalhadas a seguir: 1) o princípio minimamente vitorioso, e 2) a homogeneidade ideológica.

Considero coligações eleitorais minimamente vitoriosas todas as coligações para a Câmara dos Deputados que são congruentes com a aliança para governador. Como detalhei aqui, na eleição simultânea os partidos têm incentivos para sincronizar parceiros no estado. Os maiores ajudam os pequenos a reunir votos e atingir o quociente eleitoral na disputa proporcional. Em troca, os partidos menores ajudam os maiores, oferecendo mais exposição gratuita

---

[1] Agradeço a Silvana Krause pelos dados de 1994; Vivaldo Sousa me enviou os dados sobre os deputados federais eleitos.

[2] As eleições para presidente, governador e deputado federal são simultâneas desde 1994.

na mídia para o candidato a governador. Uma vez que é subótimo adicionar membros sem condições de maximizar essas vantagens, as alianças para deputado federal idênticas àquelas para governador (como uma imagem em um espelho) necessariamente contêm a capacidade minimamente vitoriosa.

Para respaldar meu argumento, o candidato a governador sabe exatamente a quantidade mínima de votos de que precisa para ser eleito: 50% mais um. Em outras palavras, o candidato a governador, ao formar uma aliança eleitoral, tem por objetivo um limiar mínimo para vencer.

Enquanto a definição de congruência de Samuels (2003) é semelhante, o autor é menos rigoroso ao permitir que as coligações eleitorais variem. Por exemplo, Samuels admite que um (ou alguns) dos partidos da coligação para deputado federal não esteja presente na corrida para governador (portanto, não adicionando recursos para a campanha), desde que o partido não apoie candidato rival para governador (abstendo-se da eleição para governador). Em vez disso, minha medida de congruência abrange um acordo eleitoral com base em chances estimadas de vitória que implicam um número mínimo de participantes na coligação, no estado.

Se a minha escolha metodológica estiver correta, deve-se observar uma correlação positiva entre alianças eleitorais congruentes (segundo minha definição) e resultados vitoriosos, principalmente nas eleições para deputado federal. Diferentemente das eleições majoritárias para governador, na corrida proporcional a maioria dos partidos espera eleger deputados federais. Examino esta associação na seção empírica.

Outro esclarecimento se faz necessário. A teoria das alianças minimamente vitoriosas costuma ser aplicada à formação de governo, a unidade de análise sendo o partido no governo. Isso equivale a dizer que a pesquisa sobre alianças minimamente vitoriosas leva em conta resultados: uma coalizão vitoriosa deve ter a maioria das cadeiras parlamentares (Gamson, 1961; Riker, 1962). No entanto, com alianças eleitorais, as *expectativas* dos partidos são mais importantes do que o resultado da eleição. Assim, no Brasil, operacionalizar coligações minimamente vitoriosas como as que ganharam pode induzir ao erro.

Ao comparar as amostras de coligações eleitorais (1994-1998 *versus* 2002-2006) será possível afirmar se os políticos de fato formaram mais alianças eleitorais minimamente vitoriosas em 2002 e 2006, como esperado. As coligações eleitorais minimamente vitoriosas constam do Apêndice V, em www.altabooks.com.br (busque pelo título do livro).

Vamos à segunda variável. A homogeneidade ideológica de determinada coligação eleitoral minimamente vitoriosa é avaliada por meio do desvio-padrão (dispersão em torno da média) da pontuação de ideologia do partido dentro da aliança minimamente vitoriosa. Quanto menor o valor, maior a consistência ideológica da coligação minimamente vitoriosa.

Uma vez que os partidos são ponderados pelo tamanho,[3] os pequenos não terão muito efeito sobre o modelo. Ao comparar as amostras de coligações eleitorais minimamente vitoriosas, serei capaz de dizer se 2002 e 2006 apresentam alianças mais semelhantes do que as dos anos anteriores, conforme a hipótese formulada. A avaliação será realizada pela disposição das coligações eleitorais minimamente vitoriosas ao longo de uma escala de desvios-padrão, que diminuem à medida que a homogeneidade ideológica aumenta.

Há cinco *missing cases*, casos em que as coligações minimamente vitoriosas envolveram partidos que não existiam na eleição anterior: duas alianças eleitorais minimamente vitoriosas em 1994, uma em 1998 e duas novamente em 2002. Como todas essas coligações minimamente vitoriosas são compostas de partidos que não existiam na eleição anterior, não foi possível calcular os desvios-padrão de ideologia.

A escala ideológica é dividida em quatro segmentos equidistantes, do menor para o maior desvio-padrão em cada amostra. Exemplos: o desvio-padrão zero indica uma coligação minimamente vitoriosa perfeitamente homogênea (quando dois ou mais partidos têm a mesma pontuação de ideologia).[4] O desvio-padrão de 2,82 (o valor máximo em todas as amostras) indica as alianças minimamente vitoriosas menos homogêneas.

Para medir a ideologia do partido político, foi utilizada a metodologia descrita no Capítulo 4, com a ajuda das pesquisas conduzidas por Timothy Power. Para os partidos restantes, foram calculadas *proxies*. Para cada ano eleitoral, agrupei a maioria dos pequenos partidos em dois grupos ideológicos. A cada grupo foi atribuída uma pontuação de ideologia partidária. O SPL (pequeno partido de esquerda) recebeu a pontuação média do PDT (Partido

---

[3] O tamanho do partido é o número de votos, estado por estado, na eleição anterior. Esta informação é divulgada por Jairo Nicolau em: http://jaironicolau.iuperj.br/database/deb/port/

[4] O desvio-padrão igual a zero também pode ocorrer se, por exemplo, em uma aliança de dois partidos, um deles tem tamanho zero (porque não teve cadeiras na eleição anterior naquele estado). Em outras palavras, os partidos nanicos quase não têm impacto sobre o desvio-padrão ideológico de uma coligação eleitoral.

Democrático Trabalhista) e do PSB (Partido Socialista Brasileiro), que são partidos moderados de esquerda. O SPR (pequeno partido de direita) recebeu a pontuação média do PTB (Partido Trabalhista Brasileiro) e do PL (Partido Liberal), que são partidos pragmáticos de direita.

Minhas pontuações são derivadas da literatura que classifica os partidos brasileiros como pertencentes a três blocos ideológicos: centro, esquerda e direita.[5] Todos os números (os de Power e os estimados) estão relatados no Apêndice III, www.altabooks.com.br (busque pelo título do livro), juntamente com explicações para cada uma das pontuações estimadas de ideologia partidária.

ANÁLISE EMPÍRICA

Examino os 113 cartéis eleitorais para deputado federal em 1994, 109 em 1998, 140 em 2002 e 144 em 2006.

Comparando as coligações eleitorais de 1994-1998 com as de 2002-2006, concluo que as coligações eleitorais congruentes, conforme definidas aqui, apresentam taxas mais elevadas de resultados vitoriosos, como previsto. A Tabela 6.1 mostra que, em 1994, 1998 e 2002 os partidos que sincronizaram parceiros nas eleições proporcionais e para governador somaram mais deputados federais do que aqueles que não o fizeram (58,6% *versus* 41,4% em 1994; 54,1% *versus* 45,8% em 1998; e 62,3% *versus* 37,7% em 2002).

Tabela 6.1 Número de Cadeiras por Perfil da Coligação Eleitoral, Câmara dos Deputados

1994				1998				2002				2006			
Congruente				Congruente				Congruente				Congruente			
SIM		NÃO		SIM		NÃO		SIM		NÃO		SIM		NÃO	
N	%	N	%	N	%	N	%	N	%	N	%	N	%	N	%
276	58,60	195	41,40	247	54,16	209	45,83	278	62,33	168	37,66	172	42,05	237	57,95
Total Coligação				Total Coligação				Total Coligação				Total Coligação			
N		%		N		%		N		%		N		%	
471		100		456		100		446		100		409		100	

Fonte: Cálculos efetuados com dados recebidos do TSE, Krause e Sousa, Vivaldo.

[5] Consulte Limongi e Figueiredo (1995), Schmitt (1999), Carreirão (2006) e Miguel e Machado (2007).

No entanto, em 2006, a segunda eleição sob a verticalização, os resultados vão em direção oposta: os partidos que aderiram às mesmas coligações eleitorais para deputado federal e governador obtiveram 15,9% menos cadeiras do que aqueles que não o fizeram. Os motivos serão explorados mais adiante.

No Brasil, as coligações eleitorais minimamente vitoriosas, conforme definido aqui, são de fato parte da realidade política. Os dados foram compilados em frequências e percentuais na Tabela 6.2. Usei o Teste Qui-quadrado de Pearson para detectar mudanças nos percentuais de coligações eleitorais minimamente vitoriosas antes e após a verticalização.

Tabela 6.2 Número de Coligações Eleitorais Minimamente Vitoriosas (na sigla em inglês, MWEC), Câmara dos Deputados (1994-2006)

1994				1998				2002				2006			
MWEC		NÃO MWEC		MWEC		NÃO MWEC		MWEC		NÃO MWEC		MWEC		NÃO MWEC	
N	%	N	%	N	%	N	%	N	%	N	%	N	%	N	%
68	60,18	45	39,82	52	47,71	57	52,29	83	59,29	57	40,71	75	52,08	69	47,92
Total				Total				Total				Total			
N		%		N		%		N		%		N		%	
113		100		109		100		140		100		144		100	

Teste Qui-quadrado de Pearson (1998 versus 2002): 3,310, gl = 1; Sig. 0,069.
Teste Qui-quadrado de Pearson (1994-1998 versus 2002-2006): 0,126, gl = 1; Sig. 0,723.
Fonte: Cálculos efetuados com dados recebidos do TSE, Krause e Sousa, Vivaldo.

Em quase todos os anos eleitorais – à exceção de 1998 (47,7% MWEC) – os líderes partidários entraram em alianças que poderiam maximizar trocas eleitorais e trazer resultados vitoriosos relativamente mais frequentes. Mais de 50% das coligações para deputado federal atendem ao critério minimamente vitorioso.

Além disso, as evidências apoiam a primeira hipótese – de que a decisão do TSE, forçando a inclusão da corrida presidencial no cálculo eleitoral, aumentou os custos de aliados desnecessários. Comparando o período 1994-1998 com o de 2002-2006, o aumento no número de coligações eleitorais minimamente vitoriosas (1,6%) não é estatisticamente significante (Sig. 723). Mas imediatamente após a verticalização (1998 *versus* 2002), o percentual relativamente maior de coligações minimamente vitoriosas (11,6%) é estatisticamente significante (Sig. 0,069). Em 2006, houve um refluxo no percentual de coligações eleitorais minimamente vitoriosas (de 59,3% em 2002 para 52,1% em 2006). Retornarei a este ponto mais adiante.

Ao mesmo tempo em que aderiram a mais coligações minimamente vitoriosas imediatamente após a verticalização (1998 *versus* 2002), as elites políticas também participaram de alianças eleitorais com mais frequência, com aumento de 28,4% no número total de alianças para deputado federal entre 1998 e 2002. Em geral, é a confirmação da lógica segundo a qual os chefes partidários concentraram seus esforços no estado. Ou seja, em 2002, enfrentando a impossibilidade de se aliarem a certos partidos devido à verticalização, os atores políticos se concentraram nas legendas decisivas para eleger representantes (aderindo a mais coligações eleitorais minimamente vitoriosas). Nos casos em que isso não foi possível, os partidos procuraram outros parceiros. Em 2006, o número total de coligações eleitorais é muito semelhante ao de 2002 (144), mas, como observado anteriormente, o número de alianças eleitorais minimamente vitoriosas diminuiu.

O que os dados nos dizem sobre o perfil ideológico dessas coligações eleitorais minimamente vitoriosas? Primeiro, a Tabela 6.3 mostra que os líderes partidários priorizam aliados ideologicamente semelhantes, como sugerido por De Swaan (1973) e Axelrod (1970 e 1997). As mesmas informações são apresentadas no Gráfico 6.1.

Tabela 6.3 Coligações Eleitorais Minimamente Vitoriosas – da Mais Ideologicamente Homogênea para a Menos, Câmara dos Deputados (1994-2006)

		I		II		III		IV		
DP ideológico	**0,00**	**------**	**,71**	**------**	**1,41**	**------**	**2,12**	**------**	**2,82**	**Total**
1994										
N		48		16		0		2		66[(a)]
%		72,73		24,24		0		3,03		100
1998										
N		38		9		2		2		51[(b)]
%		74,51		17,65		3,92		3,92		100
2002										
N		42		26		7		6		81[(c)]
%		51,85		32,10		8,64		7,41		100
2006										
N		44		22		9		0		75
%		58,67		29,33		12,00		0		100

A escala é dividida em quatro segmentos equidistantes, dos menores desvios-padrão para os maiores observados em todas as amostras.

[(a)] *Missing case*, duas MWECs; [(b)] *Missing case*, uma MWEC; [(c)] *Missing case*, duas MWECs.

Fonte: Cálculos efetuados com dados recebidos do TSE, Power e pontuações ideológicas estimadas.

Gráfico 6.1 Coligações Eleitorais Minimamente Vitoriosas – da Mais Ideologicamente Homogênea para a Menos, Câmara dos Deputados (1994-2006)

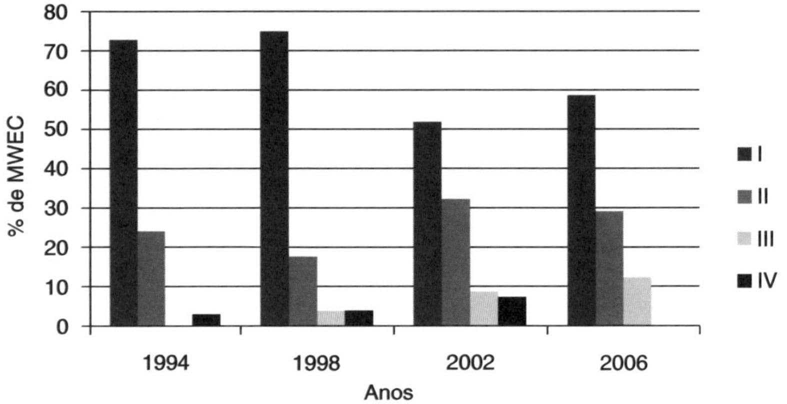

As alianças eleitorais minimamente vitoriosas em 1994, 1998, 2002 e 2006 estão agrupadas no primeiro e segundo segmentos, com os menores desvios-padrão ideológicos. De fato, em 1994 (72,7%) e 1998 (74,5%), estas coligações são perfeitamente ou quase perfeitamente homogêneas, com desvios-padrão entre zero e 0,71. Em 2002 e 2006, os percentuais são menores, mas ainda consistentes, com 51,9% e 58,7%, respectivamente, caindo dentro do primeiro grupo de desvio-padrão. Poucas alianças minimamente vitoriosas se encaixam no quarto segmento, o menos ideologicamente homogêneo: 3% em 1994, 3,9% em 1998, 7,4% em 2002 e zero em 2006.

Entretanto, a evidência contradiz a hipótese de que a verticalização forçou os partidos a formar coligações minimamente vitoriosas também mais ideologicamente homogêneas. A Tabela 6.4 mostra que os conjuntos de 2002 e

Tabela 6.4 Coligações Eleitorais Minimamente Vitoriosas Ideologicamente Similares *Versus* Coligações Eleitorais Minimamente Vitoriosas Ideologicamente Não Similares, Câmara dos Deputados (1994-2006)

	MWEC Similares Segmentos I e II	**MWEC não semelhantes Segmentos III e IV**
Antes da Verticalização (1994-1998)	111 (94,87%)	5 (5,13%)
Depois da Verticalização (2002-2006)	134 (85,90%)	22 (14,10%)

Teste Qui-quadrado de Pearson (1994-1998 *versus* 2002-2006): 5,850, gl = 1; Sig. 0,016.
Fonte: Cálculos efetuados com dados recebidos do TSE, Power e pontuações ideológicas estimadas.

2006 são mais uniformemente dispersos ao longo da escala ideológica, tendendo para o segmento menos homogêneo.

No primeiro e segundo segmentos, com desvios-padrão relativamente mais baixos, em 1994 e 1998, 94,9% das alianças minimamente vitoriosas são mais ideologicamente consistentes. Depois da verticalização (2002 e 2006), o percentual é menor: 85,9%. Examinando a segunda metade da escala (com desvios-padrão mais elevados), em 1994 e 1998, 5,1% das coligações minimamente vitoriosas são menos ideologicamente homogêneas. Nas eleições após a verticalização (2002 e 2006), o percentual mais do que dobrou, para 14,1%. O Teste Qui-quadrado de Pearson indica que a mudança nos percentuais das coligações minimamente vitoriosas ideologicamente similares/não similares antes e depois da verticalização (1994-1998 *versus* 2002-2006) é estatisticamente significante (Sig. 0,016).

Mesmo se uma das coligações eleitorais minimamente vitoriosas menos ideologicamente similar for excluída da amostra, os dados ainda seguem o padrão. Especificamente, diferentemente de 1998, em 2002 o PT de Lula (Partido dos Trabalhadores, de esquerda) formou uma aliança para presidente com o PL (Partido Liberal, de direita) de José Alencar e Álvaro Valle, em uma tentativa bem-sucedida de tornar a candidatura de Lula mais "palatável" ao mercado financeiro. Por causa da verticalização, esses partidos permaneceram juntos em cartéis eleitorais na maioria dos estados, contra apenas um em 1998. Com base nessas informações preliminares, pode-se argumentar que o conjunto de 2002 está enviesado – relativamente menos ideologicamente homogêneo – por causa das coligações minimamente vitoriosas que incluem PT e PL.

Mas como a Tabela 6.5 mostra, excluindo essas alianças eleitorais minimamente vitoriosas das amostras (1998 e 2002), depois da verticalização os partidos ainda formaram menos coligações eleitorais minimamente vitoriosas ideologicamente e homogêneas. A mesma informação é relatada no Gráfico 6.2.

Os dados acima seguem exatamente o padrão (comparação de MWECs com e sem as MWECs entre PT e PL). Excluindo as coligações minimamente vitoriosas que contêm tanto o PT quanto o PL, as alianças ainda se concentram no primeiro e segundo segmentos, com o menor desvio-padrão. Por exemplo, em 1998, 76% são perfeitamente homogêneas (ou quase), com desvios-padrão entre zero e 0,71. Em 2002, o percentual é menor, mas ainda consistente, com 56,7% das coligações eleitorais minimamente vitoriosas

Tabela 6.5 Coligações Eleitorais Minimamente Vitoriosas – da Mais Ideologicamente Homogênea para a Menos, Câmara dos Deputados (1994-2006)

		I		II		III		IV		Total
DP ideológico	**0,00**	**-------**	**,71**	**-------**	**1,41**	**-------**	**2,12**	**-------**	**2,82**	
1994										
N		48		16		0		2		66(a)
%		72,73		24,24		0		3,03		100
1998										
N		38		9		1		2		50(b)
%		76,00		18,00		2,00		4,00		100
2002										
N		38		21		5		3		67(c)
%		56,72		31,34		7,46		4,48		100
2006										
N		44		22		9		0		75
%		58,67		29,33		12,00		0		100

A escala é dividida em quatro segmentos equidistantes, dos menores desvios-padrão para os maiores observados em todas as amostras.

[a] *Missing case*, duas MWECs; [b] *Missing case*, uma MWEC + uma MWEC entre PT e PL; [c] *Missing case*, duas MWECs + 14 MWECs entre PT e PL.

Fonte: Cálculos efetuados com dados recebidos do TSE, Power e pontuações ideológicas estimadas.

* As coligações minimamente vitoriosas entre PT e PL (1998-2002) foram excluídas

Gráfico 6.2 Coligações Eleitorais Minimamente Vitoriosas – da Mais Ideologicamente Homogênea para a Menos, Câmara dos Deputados (1994-2006)

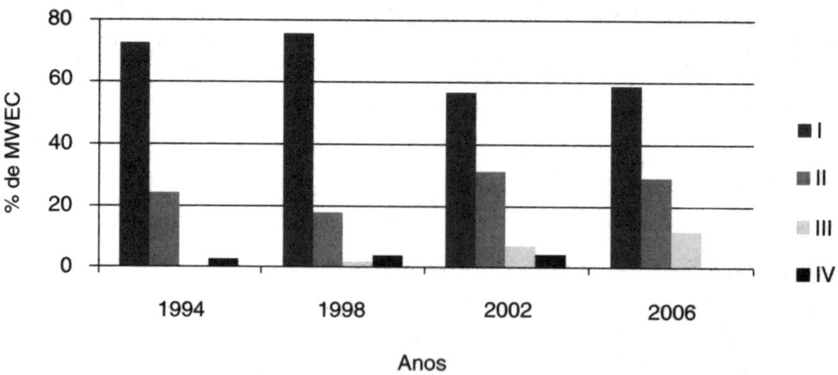

pertencendo ao primeiro grupo de desvio-padrão. Poucas alianças minimamente vitoriosas se encaixam no quarto segmento, o menos ideologicamente homogêneo: 4% em 1998 e 4,5% em 2002.

A Tabela 6.6 mostra que, excluindo as coligações minimamente vitoriosas que contêm tanto o PT quanto o PL, o percentual de alianças eleitorais minimamente vitoriosas menos ideologicamente consistentes (o terceiro e quarto segmentos) mais do que duplica: de 4,3% (1994 e 1998) para 12% (1998 e 2002).[6] O Teste Qui-quadrado de Pearson indica novamente que a mudança nos percentuais das coligações minimamente vitoriosas ideologicamente similares/não similares antes e depois da verticalização (1994-1998 *versus* 2002-2006) é estatisticamente significante (Sig. 0,028).

Tabela 6.6 Coligações Eleitorais Minimamente Vitoriosas Ideologicamente Similares *Versus* Coligações Eleitorais Minimamente Vitoriosas Ideologicamente Não Similares, Câmara dos Deputados (1994-2006)

	MWEC Similar Segmentos I e II	MWEC Não Similar Segmentos III e IV
Antes da Verticalização (1994-1998)	111 (95,69%)	5 (4,31%)
Depois da Verticalização (2002-2006)	125 (88,03%)	17 (11,97%)

Teste Qui-quadrado de Pearson (1994-1998 *versus* 2002-2006): 4,805, gl = 1; Sig. 0,028.
Fonte: Cálculos efetuados com dados recebidos do TSE, Power e pontuações ideológicas estimadas.
* As coligações minimamente vitoriosas entre PT e PL (1998-2002) foram excluídas

Ao discutir os resultados de 2006, enfatizei que o número de coligações eleitorais minimamente vitoriosas diminuiu. Além disso, essa estratégia de maximização de retornos eleitorais por meio da formação de alianças que contenham apenas os partidos – que pelo menos nas eleições para a Câmara dos Deputados e governador, poderiam oferecer algo em troca – não foi tão eficaz. Em 2006, as coligações minimamente vitoriosas ganharam quase 16% menos cadeiras legislativas (em comparação com a categoria não MWEC, Tabela 6.1). Uma possível explicação é que, devido à expectativa não atendida de uma cláusula de barreira a ser aplicada pela primeira vez nas eleições de 2006, os partidos tinham menos parceiros eleitorais disponíveis para negociar. Na verdade, devido à exigência da cláusula de barreira,[7] várias legendas anunciaram

[6] No entanto, como já foi dito, as alianças ideologicamente consistentes prevalecem, em conformidade com as amostras anteriores que incluem as coligações entre PT e PL.

[7] Em geral, 5% dos votos nacionais, com 2% distribuídos entre pelo menos nove estados, eram necessários para o partido ter tanto acesso a recursos públicos – como horário gratuito na TV – quanto liderança no Congresso. A cláusula de barreira foi declarada inconstitucional pelo Supremo Tribunal Federal logo após as eleições de 2006. Dos 29 partidos eleitorais, 7 não atingiram a cláusula em 2006.

que iriam se fundir. Após as eleições, no entanto, o Supremo Tribunal Federal declarou a cláusula de barreira inconstitucional, invalidando sua aplicação.

Por último, mas não menos importante, à exceção de 1998 (MWEC 47,7%), mais de 50% das coligações para deputado federal atendem ao critério minimamente vitorioso. Os dados mostram claramente que estes cartéis eleitorais são ideologicamente semelhantes. Em outras palavras, as coligações eleitorais brasileiras *não* são aleatórias, como sugerem Ames (2001) e Samuels (2000a, 2000b e 2003).[8] Apresento evidências convincentes de que os partidos levam a ideologia em consideração ao avaliarem potenciais aliados para a disputa à Câmara Federal.

CONCLUSÃO

A partir do meu argumento de que os modelos de coalizão governamental podem ser aplicados, embora com algumas modificações importantes, à arena eleitoral, apresentei argumentos teóricos seguidos por evidência empírica sobre a formação de coligações minimamente vitoriosas sob o presidencialismo. Nesse ambiente, é importante reconhecer as motivações fundamentais para a formação de alianças minimamente vitoriosas: estas coligações aumentam as chances de sucesso eleitoral ao otimizar o uso dos recursos eleitorais e aumentar o poder de barganha subsequente da elite política com o executivo.

Nas eleições interligadas brasileiras, em cada estado, os partidos com candidatos a deputado federal podem contar com outras legendas com candidato a governador para se saírem melhor nas eleições proporcionais. Em troca, os partidos concorrendo às eleições majoritárias para governador receberão apoio adicional com a finalidade de tornar seus candidatos mais competitivos. Em suma, no Brasil, os atores políticos muitas vezes sincronizam parceiros no estado para maximizar resultados e minimizar esforços eleitorais.

Com base em quatro eleições consecutivas, mostrei como os líderes partidários reagiram à decisão do TSE que implementou "nacionalmente" as coligações eleitorais. Sob esta verticalização, as elites políticas foram forçadas a

[8] Questões partidárias nacionais não definem o padrão de aliança eleitoral no Brasil – o personalismo sim (Samuels, 2003, p. 92). Os partidos de direita se aliam com partidos de centro em alguns estados e com partidos de esquerda em outros (Ames, 2001, p. 76).

incluir a eleição presidencial no cálculo minimamente vitorioso, reavaliando assim as recompensas inerentes à replicação do arranjo eleitoral da presidência para baixo. No período sob a verticalização (2002-2006), os partidos se restringiram aos parceiros eleitorais que acreditavam ser capazes de produzir resultados vencedores, inclusive formando alianças com legendas mais distantes ideologicamente.

Ameaçados por uma possível "morte" com a verticalização, os políticos em geral consideraram a ideologia menos importante na formação de cartéis eleitorais. No entanto, *não é correto* concluir que a ideologia do parceiro eleitoral era irrelevante. Como mostram os dados, mais de 50% das coligações atendem ao critério minimamente vitorioso, e as alianças minimamente vitoriosas brasileiras, em todos os anos eleitorais (1994-2006), se agrupam no primeiro e segundo segmentos, com os menores desvios-padrão ideológicos (os segmentos mais ideologicamente homogêneos).

Meus resultados também sugerem que o federalismo afeta a disputa eleitoral "a partir de baixo", algo semelhante ao que Jones (1997a e 1997b) e Samuels (2000a, 2000b e 2003) demonstraram nos casos da Argentina e do Brasil, respectivamente. No Brasil, como visto aqui, a decisão do TSE de tornar os cartéis eleitorais "nacionalmente verticais" resultou em efeitos inesperados, o que é outra indicação de que variáveis subnacionais influenciam significativamente a formação de coligações eleitorais.

O ano de 2010 mostra os efeitos retardados da verticalização e reforça o argumento apresentado anteriormente. Em 2010, a verticalização não ocorreu na prática: os congressistas já tinham aprovado legislação derrubando a decisão do Tribunal Superior Eleitoral. Em comparação com os anos sob a verticalização (2002-2006), em 2010 o número de candidatos presidenciais foi maior (nove em 2010, sete em 2006 e seis em 2002). A explicação é que, em 2010, os partidos nos estados não estavam mais "amarrados" aos cartéis eleitorais em nível nacional. Assim, os líderes políticos aderiram às coligações eleitorais que queriam para presidente, sem restrições.

Além disso, em comparação com 2002-2006, em 2010 as alianças para presidente (PT *versus* PSDB) foram maiores: o PT/PMDB/PDT/PSB/PR/PCdoB/PRB/PTN/PSC/PTC de Lula *versus* o PSDB/DEM/PPS/PTB de Serra. Em outras palavras, os líderes partidários não tiveram receio de se comprometer nacionalmente em 2010: essa parceria eleitoral foi completamente independente de outros acordos de formação de alianças eleitorais.

CAPÍTULO 7

Representação Proporcional com Coligações Eleitorais: Resultados Proporcionais?

Nos capítulos anteriores, mostrei que os partidos políticos se comportam estrategicamente: para eleger deputados federais e governadores, buscam trocar benefícios e minimizar custos eleitorais. Sob a verticalização (2002-2006), isso foi ainda mais perceptível, já que o *locus* da competição eleitoral foi necessariamente o estado. A maioria dos partidos não lançou candidatos próprios à presidência para ficar livre e adotar as possibilidades de coligação que oferecessem melhores oportunidades para a sobrevivência eleitoral, mesmo que a "melhor" oportunidade significasse uma aliança com partidos relativamente mais distantes no espectro ideológico.

Além disso, na corrida proporcional para a Câmara dos Deputados, vimos como os líderes políticos reagem às restrições do sistema eleitoral: agrupam votos para atingir o quociente eleitoral no estado e eleger representantes. Como maiores magnitudes distritais produzem resultados mais proporcionais (Rae, 1967; Taagepera e Shugart, 1989), os partidos tendem a recorrer aos cartéis eleitorais com menos frequência nestes estados.

Expliquei também o produto de coligações eleitorais com listas abertas: dentro da aliança, os votos contam para um único partido (a coligação). O resultado é que candidatos individuais, com mais votos dentro do cartel eleitoral – independentemente de seus partidos – são eleitos. Em outras palavras, dentro da coligação eleitoral a eleição se torna, em certo sentido, “majoritária”.

Para coibir essa situação, Nicolau (2002) sugere a coexistência de coligações eleitorais com sublistas no Brasil: os partidos continuariam explorando economias eleitorais, mas cada qual elegeria deputados federais em proporção aos seus votos dentro do cartel eleitoral. Na ideia de Nicolau, está implícito o fato de que as coligações eleitorais, na realidade, ajudam a corrigir algum grau de desproporcionalidade inerente ao sistema de representação proporcional (RP).

Neste capítulo, avalio os efeitos dessas alianças sobre o sistema eleitoral: até que ponto os cartéis eleitorais tornam os resultados mais proporcionais (Lijphart, 1994), aproximando o sistema de RP brasileiro do ideal funcional de que cada voto conta na eleição dos representantes (Carvalho, 1989; Nohlen, 2007)? Além disso, no Congresso foram feitas tentativas de proibir os partidos de fazer cartéis eleitorais. O argumento era (e é) que cada partido deve obter cadeiras em proporção aos seus votos.[1] Nenhum destes projetos de lei, no entanto, chegou a ser votado.

Em suma, que modificações no sistema eleitoral poderiam aprimorar o princípio da representação proporcional? Se as coligações fossem proibidas no Brasil, que partidos serão excluídos do Congresso? Como seria a representação? Começo este capítulo com uma breve revisão das variáveis que influenciam a proporcionalidade. Concluo com uma avaliação empírica de possíveis modificações na lei eleitoral que poderiam aproximar o Brasil do ideal funcional da proporcionalidade.

É importante notar que nenhum sistema eleitoral é perfeito, e o que funciona para um país pode não funcionar para outro. Não é meu objetivo aqui discutir se resultados menos proporcionais aumentariam a governabilidade (em oposição à representação política de uma multiplicidade de pontos de vista presentes na sociedade), nem se a RP combina com o presidencialismo.[2] Em outras palavras, este capítulo versa sobre as características do sistema eleitoral que poderiam ser modificadas para fortalecer a representação proporcional no Brasil.

---

[1] O primeiro projeto foi apresentado pelo senador Sérgio Machado (PMDB/Ceará), em 1998.

[2] Este é um debate em curso. Alguns de seus participantes mais proeminentes são Sartori (1976 e 1997), Lijphart (1984 e 1999), Shugart e Carey (1992), Lessa (1992), Mainwaring (1993), Linz e Valenzuela (1994), Jones (1995) e Foweraker (1998).

A representação proporcional é o sistema eleitoral dominante nas legislaturas da América Latina. Para produzir uma constituição para mudá-la democraticamente para outro princípio de representação, é necessário maioria qualificada (muitas vezes, nas duas câmaras do Congresso). Por isso, Nohlen (2007) argumenta que as opções são limitadas. Na maioria dos casos, é mais viável alterar as características do sistema eleitoral existente.[3]

Finalmente, quero deixar claro que, embora a questão a que me dedico neste capítulo seja normativa – "Que modificações no sistema eleitoral poderiam aperfeiçoar o princípio da representação proporcional?" – não estou propondo um juízo de valor. A tarefa que proponho é simplesmente investigar se determinada regra – a representação proporcional para o legislativo brasileiro – atende ao seu objetivo principal, ou seja, traduzir votos *em proporção* às cadeiras.

ELEIÇÕES PROPORCIONAIS: RESULTADOS PROPORCIONAIS?

Como visto no Capítulo 3, o grau em que as alocações de cadeiras legislativas diverge da proporcionalidade é uma função de duas variáveis: a fórmula eleitoral e a magnitude distrital (Rae, 1967). O Brasil utiliza a fórmula D'Hondt para alocar cadeiras legislativas – que é tendenciosa em favor dos partidos maiores – a regra Saint-Laguë diminui o bônus do partido grande inerente aos divisores de D'Hondt (Carstairs, 1980; Lijphart, 1984 e 1986). Todos os partidos e coligações que atingiram o quociente eleitoral no estado (votos válidos divididos pela magnitude distrital) têm direito à distribuição de cadeiras. Finalmente, como quanto maior a magnitude distrital, mais proporcional a relação entre votos e cadeiras, seria possível observar resultados mais proporcionais 1) com o método Saint-Laguë, e 2) à medida que a magnitude distrital aumenta.

Reproduzo na Tabela 7.1 o quociente eleitoral estado por estado. Esta é a primeira barreira implícita que um partido deve superar no Brasil para obter representação parlamentar.

---

[3] Nohlen (2007) estuda os sistemas eleitorais de 18 países europeus. O autor conclui que a maioria deles manteve seus sistemas eleitorais ao longo da história. As exceções são: Itália, Áustria, Alemanha, Espanha, Portugal e França.

Tabela 7.1 Quociente Eleitoral por Estado, Câmara dos Deputados

Distrito	Magnitude	Votos Válidos (%)
ACRE / Norte	8	12,5
AMAPÁ / Norte	8	12,5
AMAZONAS / Norte	8	12,5
DF / Centro-Oeste	8	12,5
MATO GROSSO / Centro-Oeste	8	12,5
MG DO SUL / Centro-Oeste	8	12,5
RG DO NORTE / Nordeste	8	12,5
RONDÔNIA / Norte	8	12,5
RORAIMA / Norte	8	12,5
SERGIPE / Nordeste	8	12,5
TOCANTINS / Norte	8	12,5
ALAGOAS / Nordeste	9	11,1
ESPÍRITO SANTO / Sudeste	10	10,0
PIAUÍ / Nordeste	10	10,0
PARAÍBA / Nordeste	12	8,3
SANTA CATARINA / Sul	16	6,3
GOIÁS / Centro-Oeste	17	5,9
PARÁ / Norte	17	5,9
MARANHÃO / Norte	18	5,5
CEARÁ / Nordeste	22	4,6
PERNAMBUCO / Nordeste	25	4,0
PARANÁ / Sul	30	3,3
RIO GRANDE DO SUL / Sul	31	3,2
BAHIA / Nordeste	39	2,6
RIO DE JANEIRO / Sudeste	46	2,2
MINAS GERAIS / Sudeste	53	1,9
SÃO PAULO* / Sudeste	60	1,7

Fonte: reproduzido a partir de Nicolau (1989). *Em 1994, São Paulo teve aumentado o número de deputados federais, de 60 para 70. A partir de 1998, votos em branco e nulos não entram no cômputo para definir o quociente eleitoral. Nicolau calculou o quociente eleitoral baseado em dados de 1989, mas excluiu do cálculo os votos em branco e nulos.

É fácil ler os dados: seguindo Rae (1967), Nohlen (1981), Taagepera e Shugart (1989) e Lijphart (1984 e 2003), magnitudes distritais menores dificultam o acesso de um partido ao Congresso (o quociente eleitoral é relativamente superior).

Além disso, no Brasil, os candidatos só podem contar realmente com alguma representação (mais ou menos proporcional) *após* o quociente eleitoral ter sido atingido. Ou seja, é necessário um percentual definido do voto para que cada partido participe da distribuição de cadeiras.

Além disso, duas situações extremas merecem atenção especial: a sub-representação e a sobrerrepresentação. Ou seja, a magnitude distrital prevista na

Constituição (o mínimo é de 8 e o máximo é de 70 cadeiras) é muito gentil com Roraima, só para citar um exemplo, e rigorosa com São Paulo. Apenas com base no tamanho da população, os 8 deputados federais de Roraima deveriam ser um, e os 70 deputados federais de São Paulo deveriam ser 115 (Ames, 2001).

Antes de verificar os efeitos hipotéticos da regra Saint-Laguë sobre a representação legislativa no Brasil, mostro como seria a configuração da Câmara dos Deputados se os cartéis eleitorais fossem proibidos. O objetivo é verificar se – e até que ponto – os resultados eleitorais seriam mais proporcionais com essas alianças. O Índice de Desproporcionalidade de Gallagher (1991) ajudará na avaliação da proporcionalidade/desproporcionalidade.

EFEITOS DAS COLIGAÇÕES SOBRE O SISTEMA ELEITORAL

Se as alianças eleitorais fossem proibidas no Brasil, os partidos que não atingiram o quociente eleitoral no estado não conseguiriam representação legislativa. A Tabela 7.2 apresenta dados sobre o número total de partidos (T) e o número efetivo de partidos (N),[4] 1) com coligações eleitorais (resultados do TSE), e 2) sem coligações eleitorais (simulação).

Tabela 7.2 Número Total de Partidos com Representação (T) e Número Efetivo de Partidos (N) com e sem Coligações Eleitorais, Câmara dos Deputados (1990-2006)

	TSE (com Coligações)	Simulação (Sem coligações)	TSE (com Coligações)	Simulação (Sem coligações)
	T		N	
1990	19	19	8,69	8,09
1994	18	14	8,15	7,10
1998	18	14	7,14	6,00
2002	19	15	8,49	7,16
2006	21	18	9,29	7,51

Fonte: cálculos efetuados com dados recebidos do TSE.

[4] O número efetivo de partidos (Laakso e Taagepera, 1979) fornece um número ajustado de partidos políticos em determinado sistema partidário, contando os partidos e ponderando a contagem pela força relativa. Quanto maior o número efetivo de partidos, tanto mais fragmentado o sistema partidário.

A simulação considera os votos de cada partido em separado (sem concentração de votos, pois é o que os cartéis eleitorais fazem). Excluí do cálculo os votos nulos e em branco de todos os anos eleitorais. Na vida real, os votos nulos e em branco foram considerados válidos em 1990 e 1994, e excluídos a partir de 1998. Para fins de consistência neste estudo, os votos nulos e em branco foram excluídos do cálculo dos votos válidos.

A Tabela 7.2 mostra que as coligações eleitorais aumentam a fragmentação legislativa do Brasil. Tanto o número total de partidos com representação (T) quanto o número efetivo de partidos (N) tendem a ser menores quando as coligações eleitorais *não* são uma opção para os líderes políticos (nem todas as legendas são capazes de atingir sozinhas o quociente eleitoral e participar da distribuição de cadeiras).

A variação máxima no número efetivo de partidos (N) ocorreu em 2006: 19,2% (de 9,29 para 7,51 partidos políticos se as coligações eleitorais fossem proibidas). A variação mínima no número efetivo de partidos (N) ocorreu em 1990: 6,9% (de 8,69 para 8,09 partidos se os cartéis eleitorais fossem proibidos).

Quais partidos não teriam direito à representação política se essas alianças fossem proibidas? A Tabela 7.3 resume os resultados da simulação.

Pelo menos nas eleições para a Câmara dos Deputados, é evidente que os partidos menores são os únicos afetados pelo fim hipotético dos cartéis eleitorais. PSD, PV, PPS, PST, PRN, PSC, PRP, PMN, PSL, PSDC, PHS, PAN e PRB são todos partidos muito pequenos que não conseguiriam representação no Congresso se as coligações eleitorais fossem proibidas.

Os partidos são relativamente bem-sucedidos ao eleger representantes via coligações, mas, por conta da lista aberta, estas alianças podem resultar como um tiro no próprio pé – e o partido não obter nenhuma cadeira. Foi o que aconteceu com o PRONA e o PT do B em 1994 e 1998, respectivamente. Como todos os outros partidos dentro das alianças eleitorais do PRONA e do PT do B tiveram candidatos com mais votos, o PRONA e o PT do B acabaram sem deputados federais (após o quociente eleitoral ser atingido, apenas os votos individuais dos candidatos importam dentro da coligação).

Agora investigo até que ponto as coligações eleitorais tendem a tornar os resultados mais proporcionais (Lijphart, 1994). Primeiro, examino o Índice de Desproporcionalidade de Gallagher para o nível nacional. Em seguida, calculo o Índice de Desproporcionalidade de Gallagher para o nível estadual. Esse cálculo é obrigatório, pois o Brasil varia significativamente em relação às magnitudes distritais, o que pode influenciar os resultados.

Tabela 7.3 Partidos Políticos com Representação com e sem Coligações Eleitorais, Câmara dos Deputados (1990-2006)

	TSE (Com coligações)					Simulação (Sem coligações)					Partidos que seriam excluídos do Congresso se as coligações fossem proibidas			
Partidos*	**Anos Eleitorais**													
PMDB	90	94	98	02	06	90	94	98	02	06				
PT	90	94	98	02	06	90	94	98	02	06				
PFL	90	94	98	02	06	90	94	98	02	06				
PSDB	90	94	98	02	06	90	94	98	02	06				
PDT	90	94	98	02	06	90	94	98	02	06				
PTB	90	94	98	02	06	90	94	98	02	06				
PRONA			98	02	06		94	98	02	06				
PL	90	94	98	02	06	90	94	98	02	06				
PPB			98	02				98	02					
PSB	90	94	98	02	06	90	94	98	02	06				
PC do B	90	94	98	02	06	90	94	98	02	06				
PSD	90	94	98	02		90	94	98					02	
PV		94	98	02	06				02	06	94	98		
PPS		94	98	02	06			98	02	06	94			
PST	90		98	02		90			02			98		
PRN	90	94				90					94			
PSC	90	94	98	02	06	90			02	06	94	98		
PRP		94									94			
PMN	90	94	98	02	06	90	94			06		98	02	
PSL			98	02								98	02	
PT do B					06			98		06				
PSDC				02									02	
PP		94			06		94			06				
PPR		94					94							
PTR	90					90								
PCB	90					90								
PDS	90					90								
PDC	90					90								
PRS	90					90								
PSOL					06					06				
PTC					06					06				
PHS					06									06
PAN					06									06
PRB					06									06

Fonte: Cálculos efetuados com dados recebidos do TSE.

* O PRN mudou de nome para PTC, em 2001. Em 1993, o PDS, o PDC e o PPR são os mesmos. Ou seja, em 1993, o PDS e o PDC se uniram. Este novo partido veio a se chamar PPR. O novo PP é uma fusão entre o PPR e o antigo PP, resultando no PPB, em 1995. O PPB mudou de nome para PP, em 2005. O PPS e o PCB são os mesmos em 1990. Ou seja, o PCB mudou de nome para PPS. Em 2005, o PP e o PPB são os mesmos.

O Índice de Desproporcionalidade de Gallagher mede as diferenças entre as proporções de votos e cadeiras recebidos por todos os partidos. Calculo o índice com as coligações eleitorais (resultados do TSE) e sem (simulação). O índice é calculado subtraindo-se o percentual de assentos recebidos por cada partido (Si) de seu percentual de votos (Vi). As diferenças são elevadas ao quadrado e somadas para todas as partes *n* concorrentes. O total é dividido por dois. Por fim, extrai-se a raiz quadrada do resultado, onde quanto menor é o ID, mais proporcional é o sistema eleitoral. Não há valor superior especificado para o Índice de Desproporcionalidade.[5] A fórmula do Índice de Desproporcionalidade de Gallagher é:

$$\text{Gallagher's ID} = \sqrt{\frac{\sum_{i=1}^{n}(v_i - s_i)^2}{2}}$$

A Tabela 7.4 mostra o Índice de Desproporcionalidade de Gallagher para o Brasil (nível nacional).

Tabela 7.4 Índice de Desproporcionalidade de Gallagher – Nível Nacional, com e sem Coligações Eleitorais, Câmara dos Deputados (1990-2006)

	TSE (com Coligações)	Simulação (sem Coligações)
1990	4,64	5,65
1994	4,47	4,59
1998	3,18	6,16
2002	3,02	4,69
2006	2,95	6,57

Fonte: Cálculos efetuados com dados recebidos do TSE.

Examino primeiro os resultados reais (primeira coluna). Os anos eleitorais de 1990 e 1994 são os mais desproporcionais (IDs mais altos) porque os votos brancos e nulos foram computados como válidos, consequentemente

[5] Sistemas típicos de RP têm pontuações de ID menores do que 1. Sistemas que não têm RP, com níveis relativamente baixos de pontuação de desproporcionalidade, entre 1 e 6. Aqueles com níveis modestos, entre 7 e 12, e aqueles com níveis muito altos, acima de 20. As pontuações raramente ultrapassam o intervalo entre 20 e 25 (Barkan e Rushton, 2001).

inflacionando o quociente eleitoral. Vários partidos e coligações não alcançaram o quociente eleitoral, "desperdiçando" seus votos. A partir de 1998, *sem* a inclusão dos votos brancos e nulos na definição do quociente eleitoral, os resultados são relativamente mais proporcionais (IDs menores).

Examinando a segunda coluna (simulação), a desproporcionalidade aumenta quando os partidos não podem recorrer às alianças.[6] Em outras palavras, 1) as coligações tendem a diminuir a desproporcionalidade 2) porque tornam possível que um número maior de partidos atinja o quociente eleitoral, participando da distribuição das cadeiras. Embora não seja garantido que estes partidos vão eleger representantes por meio das coligações, estas alianças tendem a funcionar como válvula de escape para os efeitos desproporcionais do sistema eleitoral – sendo essencialmente um antídoto para o "efeito mecânico" de Duverger (1954).

Para entender melhor o efeito do quociente eleitoral sobre a representação, um exemplo hipotético: três partidos (A, B e C) lançam candidatos a deputado federal em determinado estado. Três cadeiras estão em disputa. O Partido A tem 52 votos; o Partido B tem 49 votos; e o Partido C também tem 49 votos. O quociente eleitoral é igual aos votos válidos divididos pelo número de cadeiras. Assim, 150/3 = 50, e os partidos B e C não atingem este mínimo de votos, sendo eliminados da competição. Ou seja, enquanto todos os três partidos têm quase o mesmo número de votos, o Partido A recebe 100% das cadeiras. Embora este seja um exemplo radical, ilustra como o quociente eleitoral pode aumentar significativamente a desproporcionalidade no Brasil.

O país como um todo apresenta níveis "aceitáveis" de desproporcionalidade (Tabela 7.4). Isso se verifica em comparação com outras eleições legislativas no mundo (Lijphart, 2003). Mas o Brasil não é um país unitário, o que significa que há diferenças de proporcionalidade conforme a variação da magnitude. Por isso, recorro ao Índice de Desproporcionalidade de Gallagher para o nível estadual. A Tabela 7.5 mostra os resultados para o ano eleitoral de 1990. As mesmas informações são relatadas no Gráfico 7.1.

---

[6] A partir de 1998, uma nova regra excluiu os votos nulos e brancos do cálculo dos votos válidos. Para fins de consistência, excluí os votos nulos e brancos do cálculo dos votos válidos – para todos os anos eleitorais.

Tabela 7.5 Índice de Desproporcionalidade de Gallagher – Nível Estadual com e sem Coligações Eleitorais, Câmara dos Deputados (1990)

Estado	TSE (com Coligações)	Simulação (sem Coligações)
AP	16,28	50,01
AM	13,21	20,49
RR	14,61	26,30
RO	43,16	15,74
AC*	22,17	22,17
TO	9,89	27,39
SE	18,22	21,17
RN	11,76	18,18
DF	14,16	32,86
MT	19,86	15,59
MS	11,44	26,17
AL	10,02	15,57
ES	27,97	12,78
PI	12,34	13,41
PB	7,95	10,75
SC	7,33	10,03
GO	14,08	10,69
PA	9,00	8,28
MA	4,28	11,38
CE	5,86	7,52
PE	7,08	7,01
PR	4,53	4,09
RS*	7,76	4,32
BA	3,00	5,13
RJ	4,26	5,89
MG	4,34	2,82
SP	3,89	2,85

Fonte: Cálculos efetuados com dados recebidos do TSE.
* Não houve coligação no Acre (AC) e Rio Grande do Sul (RS).

Gráfico 7.1 Índice de Desproporcionalidade de Gallagher – Nível Estadual, com e sem Coligações Eleitorais, Câmara dos Deputados (1990)

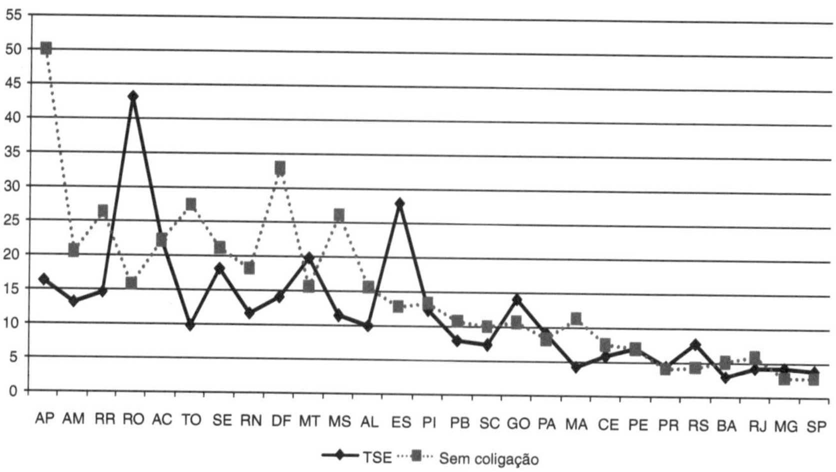

Em geral, magnitudes distritais maiores têm IDs menores (resultados relativamente mais proporcionais). Além disso, as alianças tendem a diminuir a desproporcionalidade, como esperado. Na maioria dos estados (17 em 27),[7] quando os partidos participam de coligações (resultados do TSE, primeira coluna; linha sólida no gráfico), a desproporcionalidade é menor.

Além disso, a desproporcionalidade é relativamente mais elevada nos estados que elegem oito representantes (Amapá, Roraima, Acre, Amazonas, Rondônia, Tocantins, Mato Grosso, Mato Grosso do Sul, Distrito Federal, Sergipe e Rio Grande do Norte). Em quase todos esses estados, a desproporcionalidade é consideravelmente maior quando as coligações eleitorais são hipoteticamente proibidas.

Tabela 7.6 Índice de Desproporcionalidade de Gallagher – Nível Estadual com e sem Coligações Eleitorais, Câmara dos Deputados (1994)

Estado	TSE (com Coligações)	Simulação (sem Coligações)
AP	19,22	30,01
AM	13,29	20,43
RR	7,17	24,32
RO	16,19	31,28
AC	12,07	15,43
TO	12,05	8,26
SE	13,96	15,44
RN	14,50	14,50
DF	10,95	22,63
MT	15,07	18,78
MS	9,97	23,70
AL	11,91	25,27
ES	5,22	8,80
PI	11,16	14,72
PB	8,53	13,74
SC	4,09	6,00
GO	6,31	9,04
PA	5,80	14,27
MA	9,34	10,72
CE	4,21	7,34
PE	4,60	9,42
PR	6,41	3,12
RS	2,88	4,38
BA	5,96	6,65
RJ	5,81	5,22
MG	5,86	2,69
SP	2,39	2,65

Fonte: Cálculos efetuados com dados recebidos do TSE.

[7] Em 1990, dez estados (Rondônia-RO, Mato Grosso-MT, Espírito Santo-ES, Goiás-GO, Pará-PA, Pernambuco-PE, Paraná-PR, Rio Grande do Sul-RS, Minas Gerais-MG e São Paulo-SP) mostram o oposto: as coligações eleitorais aumentaram a desproporcionalidade.

Gráfico 7.2 Índice de Desproporcionalidade de Gallagher – Nível Estadual com e sem Coligações Eleitorais, Câmara dos Deputados (1994)

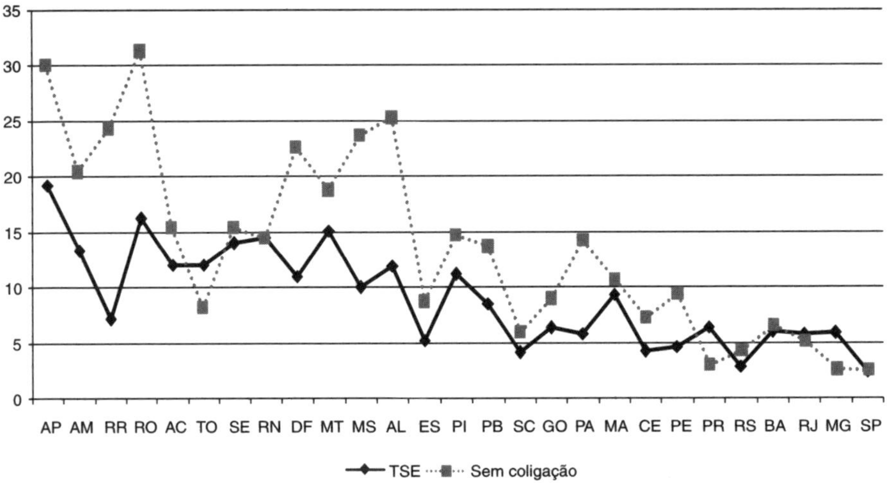

Uma observação sobre o Amapá: o ID da segunda coluna (sem coligação; linha pontilhada) é consideravelmente superior ao ID da primeira coluna (com coligações). Na simulação de 1990 (alianças proibidas), o PFL foi o único partido a alcançar o quociente eleitoral. Portanto, o PFL obteve 100% das cadeiras no Amapá, aumentando a desproporcionalidade.

Em 1994, os resultados seguem padrão semelhante: em geral, magnitudes maiores apresentam resultados mais proporcionais e as alianças eleitorais tendem a diminuir a desproporcionalidade. Na maioria dos estados (23 dos 27),[8] quando os políticos participam de coligações eleitorais (resultados do TSE, primeira coluna; linha sólida no gráfico), a desproporcionalidade é menor.

Uma observação sobre o Rio Grande do Norte: a simulação mostra o estado inalterado. É que a legislação (resultados do TSE, linha sólida) considerou os votos nulos e brancos válidos em 1990 e 1994, mas este livro excluiu os votos nulos e brancos do cálculo dos votos válidos para todos os anos eleitorais. Com um quociente eleitoral relativamente menor na simulação, os partidos foram capazes de eleger representantes sem entrar em coligações eleitorais.

A seguir, a Tabela 7.7 mostra o Índice de Desproporcionalidade de Gallagher (nível estadual) para o ano eleitoral de 1998. As mesmas informações são relatadas no Gráfico 7.3.

[8] Em 1994, em quatro dos 27 estados (Tocantins-TO, Paraná-PR, Rio de Janeiro-RJ e Minas Gerais-MG), o oposto aconteceu: as coligações aumentaram a desproporcionalidade.

Tabela 7.7 Índice de Desproporcionalidade de Gallagher – Nível Estadual com e sem Coligações Eleitorais, Câmara dos Deputados (1998)

Estado	TSE (com Coligações)	Simulação (sem Coligações)
AP	21,01	26,63
AM	10,38	27,62
RR	9,21	26,95
RO	16,61	18,48
AC	7,27	11,86
TO	9,01	15,51
SE	10,49	25,62
RN	15,36	22,94
DF	8,86	21,59
MT	8,63	17,21
MS	12,60	14,77
AL	10,08	27,30
ES	15,74	14,87
PI	9,38	14,09
PB	8,76	18,05
SC	4,64	4,39
GO	4,49	12,32
PA	5,28	8,78
MA	6,36	10,30
CE	10,02	9,59
PE	8,14	6,94
PR	6,17	3,52
RS	1,80	4,63
BA	4,66	7,31
RJ	4,70	5,21
MG	4,93	3,65
SP	2,31	3,01

Fonte: Cálculos efetuados com dados recebidos do TSE.

Gráfico 7.3 Índice de Desproporcionalidade de Gallagher – Nível Estadual com e sem Coligações Eleitorais, Câmara dos Deputados (1998)

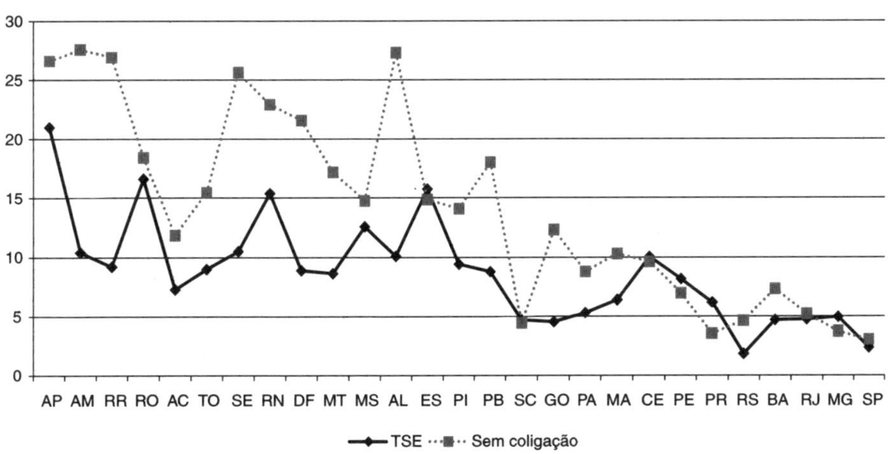

Mais uma vez, em 1998, magnitudes distritais maiores e cartéis eleitorais permitem resultados mais proporcionais, como previsto. Em 21 dos 27 estados,[9] quando os políticos participam de coligações eleitorais (resultados do TSE, primeira coluna; linha sólida no gráfico), a desproporcionalidade é menor.

A Tabela 7.8 mostra o Índice de Desproporcionalidade de Gallagher para 2002. As mesmas informações são relatadas no Gráfico 7.4.

Em 2002, magnitudes distritais maiores tenderam a produzir resultados mais proporcionais. Além disso, em 20 estados,[10] os cartéis eleitorais diminuem a desproporcionalidade, como esperado.

Tabela 7.8 Índice de Desproporcionalidade de Gallagher – Nível Estadual com e sem Coligações Eleitorais, Câmara dos Deputados (2002)

Estado	TSE (com Coligações)	Simulação (sem Coligações)
AP	15,67	25,73
AM	12,80	16,14
RR	13,68	50,83
RO	12,56	35,32
AC	14,03	34,21
TO	9,89	15,61
SE	13,71	26,91
RN	9,38	13,04
DF	18,27	11,43
MT	8,75	18,70
MS	12,56	27,12
AL	11,61	35,26
ES	11,39	16,66
PI	9,03	8,30
PB	8,17	11,97
SC	9,51	7,27
GO	5,29	6,81
PA	4,37	10,69
MA	8,13	11,62
CE	7,09	8,52
PE	5,61	5,47
PR	6,28	4,68
RS	2,08	4,17
BA	5,91	6,54
RJ	4,55	3,85
MG	3,36	4,09
SP	3,90	2,52

Fonte: Cálculos efetuados com dados recebidos do TSE.

[9] Em 1998, os estados do Espírito Santo-ES, Santa Catarina-SC, Ceará-CE, Pernambuco-PE, Paraná-PR e Minas Gerais-MG apresentaram menos resultados proporcionais com coligações eleitorais.

[10] Em 2002, sete estados (Distrito Federal-DF, Piauí-PI, Santa Catarina-SC, Pernambuco-PE, Paraná-PR, Rio de Janeiro-RJ e São Paulo-SP) são exceções, apresentando IDs maiores quando as coligações são permitidas (primeira coluna; linha mais clara no gráfico).

Gráfico 7.4 Índice de Desproporcionalidade de Gallagher – Nível Estadual com e sem Coligações Eleitorais, Câmara dos Deputados (2002)

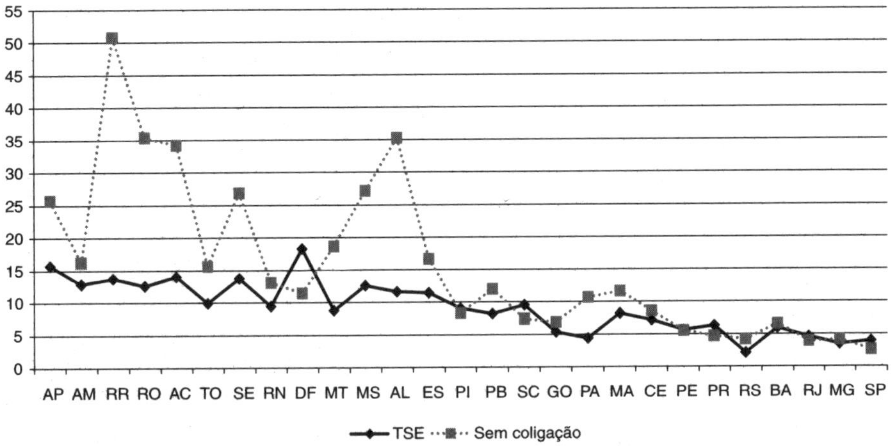

Uma observação sobre Roraima: na simulação de 2002 (segunda coluna, sem coligação; linha pontilhada), o PFL foi o único partido que alcançou o quociente eleitoral. O PFL levou todas as cadeiras do estado, aumentando, assim, a desproporcionalidade em Roraima.

A Tabela 7.9 mostra o Índice de Desproporcionalidade de Gallagher para 2006. As mesmas informações são relatadas no Gráfico 7.5.

Tabela 7.9 Índice de Desproporcionalidade de Gallagher – Nível Estadual com e sem Coligações Eleitorais, Câmara dos Deputados (2006)

Estado	TSE (com Coligações)	Simulação (sem Coligações)
AP	9,97	36,01
AM	10,19	37,84
RR	12,77	60,90
RO	11,17	20,76
AC	14,65	33,76
TO	15,90	12,38
SE	10,74	35,56
RN	6,64	19,75
DF	10,81	18,35
MT	12,49	25,88
MS	8,39	15,71
AL	15,58	39,67
ES	14,12	22,20
PI	6,79	16,81
PB	7,63	9,98
SC	6,87	7,00

Estado	TSE (com Coligações)	Simulação (sem Coligações)
GO	6,29	7,71
PA	8,07	13,97
MA	5,21	10,14
CE	12,36	11,39
PE	5,07	7,35
PR	7,00	5,69
RS	4,23	4,26
BA	5,00	8,05
RJ	5,05	4,96
MG	4,33	4,35
SP	3,72	2,33

Fonte: Cálculos efetuados com dados recebidos do TSE.

Gráfico 7.5 Índice de Desproporcionalidade de Gallagher – Nível Estadual com e sem Coligações Eleitorais, Câmara dos Deputados (2006)

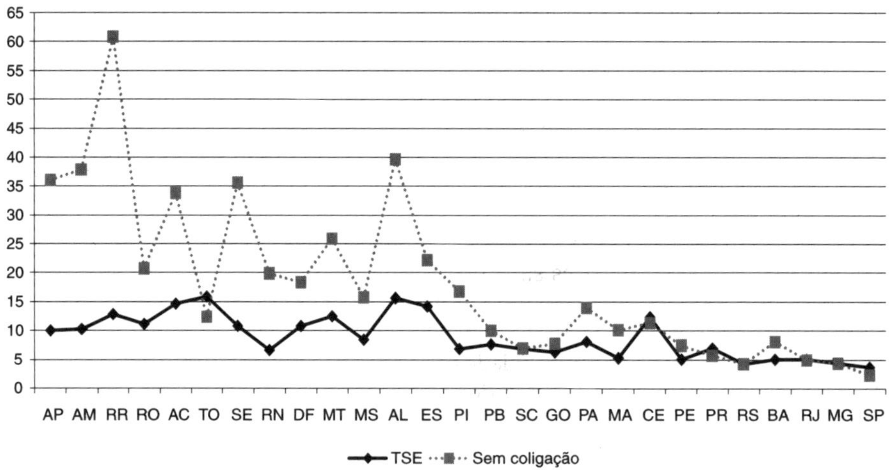

O ano de 2006 segue o padrão: magnitudes distritais maiores e cartéis eleitorais estão associados a resultados mais proporcionais. Em 22 estados,[11] quando as coligações são proibidas (segunda coluna, linha pontilhada no gráfico), a desproporcionalidade aumenta, como esperado.

Novamente uma observação sobre Roraima: como em 2002, na simulação de 2006 (linha pontilhada, sem coligação), o PFL foi o único partido que alcançou o quociente eleitoral, obtendo, assim, todas as cadeiras do estado.

---

[11] Cinco estados são exceções, com resultados mais proporcionais quando as coligações são proibidas: Tocantins-TO, Ceará-CE, Paraná-PR, Rio de Janeiro-RJ e São Paulo-SP.

Em suma, mostrei que as alianças eleitorais no Brasil tendem a tornar os resultados mais proporcionais, aumentando a fragmentação legislativa. A desproporcionalidade é significativamente maior nos estados que elegem oito representantes. À medida que a magnitude distrital aumenta, os resultados tendem a ficar mais proporcionais.

Agora comparo os resultados do TSE (cartéis eleitorais + método D'Hondt) com duas simulações: 1) cartéis eleitorais + método D'Hondt + cadeiras na proporção dos votos do partido (e *não* cadeiras de acordo com os votos individuais dos candidatos), e 2) cartéis eleitorais + divisores de Saint-Laguë + cadeiras proporcionais aos votos do partido. O objetivo é avaliar possíveis modificações no sistema eleitoral que poderiam aperfeiçoar os princípios da RP – de que cada voto conta e de que cada partido deve obter cadeiras em proporção aos seus votos (Carvalho, 1989; Nohlen, 2007).

CONSEQUÊNCIAS DA ENGENHARIA ELEITORAL SOBRE A PROPORCIONALIDADE

A Tabela 7.10 apresenta informações sobre o número total de partidos (T) e o número efetivo de partidos (N), 1) com coligações eleitorais + método D'Hondt (resultados oficiais), 2) com coligações eleitorais + método D'Hondt + cadeiras em proporção aos votos do partido, e 3) com coligações eleitorais + divisores Saint-Laguë + cadeiras em proporção aos votos do partido. Para fins de consistência, excluí novamente os votos nulos e brancos.

A Tabela 7.10 mostra uma forte tendência: mais partidos seriam representados sob a regra Saint-Laguë, como esperado. Tanto o número total de partidos com representação (T) quanto o número efetivo de partidos (N) tendem a ser maiores quando o método Saint-Laguë é adotado. Como vimos no Capítulo 3, a regra Saint-Laguë penaliza os partidos que acabaram de ganhar uma cadeira legislativa, ajudando, assim, as legendas menores a elegerem representantes.

Além disso, se tomarmos o método Saint-Laguë + *cadeiras em proporção aos votos do partido*, fica garantido que cada partido dentro da aliança teria direito a tantos representantes quantos indicados pelo capital eleitoral do partido – e *não* pelos votos da coligação de candidatos, independentemente de seus partidos.

Tabela 7.10 Número Total de Partidos com Representação (T) e Número Efetivo de Partidos (N) com Coligações Eleitorais mais Métodos Variados, Câmara dos Deputados (1990-2006)

	TSE (Coligações + D'Hondt)	Coligações + D'Hondt + cadeiras em proporção aos votos do partido	Coligações + Saint-Laguë + cadeiras em proporção aos votos do partido	TSE (Coligações + D'Hondt)	Coligações + D'Hondt + cadeiras em proporção aos votos do partido	Coligações + Saint-Laguë + cadeiras em proporção aos votos do partido
	T			N		
1990	19	20	20	8,69	8,61	8,84
1994	18	15	17	8,15	7,70	9,24
1998	18	16	18	7,14	6,57	7,25
2002	19	16	19	8,49	7,79	8,27
2006	21	20	22	9,29	8,69	9,78

Fonte: Cálculos efetuados com dados recebidos do TSE.

O ID de Gallagher (nível nacional) aparece a seguir: para o TSE (resultados oficiais) e ambas as simulações (D'Hondt + cadeiras na proporção dos votos do partido e Saint-Laguë + cadeiras na proporção dos votos do partido).

Tabela 7.11 Índice de Desproporcionalidade de Gallagher – Nível Nacional com Coligações Eleitorais mais Métodos Variados, Câmara dos Deputados (1990-2006)

	TSE (Coligações + D'Hondt)	Coligações + D'Hondt + cadeiras em proporção aos votos do partido	Coligações + Saint-Laguë + cadeiras em proporção aos votos do partido
1990	4,64	4,11	3,73
1994	4,47	3,45	2,77
1998	3,18	4,34	2,63
2002	3,02	3,26	2,53
2006	2,95	3,85	1,95

Fonte: Cálculos efetuados com dados recebidos do TSE.

Fica claro que os resultados são mais proporcionais com a regra Saint-Laguë (+ cadeiras em proporção aos votos do partido). Como demonstrado anteriormente, as eleições de 1990 e 1994 são as mais desproporcionais porque os votos brancos e nulos foram computados como válidos, consequentemente inflando o quociente eleitoral.

Passando agora para o Índice de Desproporcionalidade de Gallagher para o estado, a Tabela 7.12 mostra os resultados de 1990. As mesmas informações são relatadas no Gráfico 7.6.

Tabela 7.12 Índice de Desproporcionalidade de Gallagher – Nível Estadual com Coligações Eleitorais mais Métodos Variados, Câmara dos Deputados (1990)

Estado	TSE (com Coligações)	Coligações + D'Hondt + cadeiras em proporção aos votos do partido	Coligações + Saint-Laguë + cadeiras em proporção aos votos do partido
AP	16,28	9,62	11,33
AM	13,21	11,13	11,13
RR	14,61	20,98	15,26
RO	43,16	22,16	15,74
AC	22,17	22,17	22,17
TO	9,89	9,89	7,67
SE	18,22	18,98	14,18

Estado	TSE (com Coligações)	Coligações + D'Hondt + cadeiras em proporção aos votos do partido	Coligações + Saint-Laguë + cadeiras em proporção aos votos do partido
RN	11,76	11,76	11,76
DF	14,16	9,85	9,85
MT	19,86	10,83	9,09
MS	11,44	15,20	13,62
AL	10,02	15,57	8,06
ES	27,97	13,11	8,74
PI	12,34	12,34	8,43
PB	7,95	10,75	5,97
SC	7,33	7,51	5,80
GO	14,08	7,50	5,74
PA	9,00	5,45	5,26
MA	4,28	7,86	4,28
CE	5,86	3,89	3,31
PE	7,08	5,91	3,66
PR	4,53	4,09	2,15
RS	7,76	4,32	4,32
BA	3,00	4,11	2,92
RJ	4,26	3,23	2,52
MG	4,34	2,33	2,33
SP	3,89	2,85	2,46

Fonte: Cálculos efetuados com dados recebidos do TSE.
* Não houve coligação no Acre (AC) e Rio Grande do Sul (RS).

Gráfico 7.6 Índice de Desproporcionalidade de Gallagher – Nível Estadual com Coligações Eleitorais mais Métodos Variados, Câmara dos Deputados (1990)

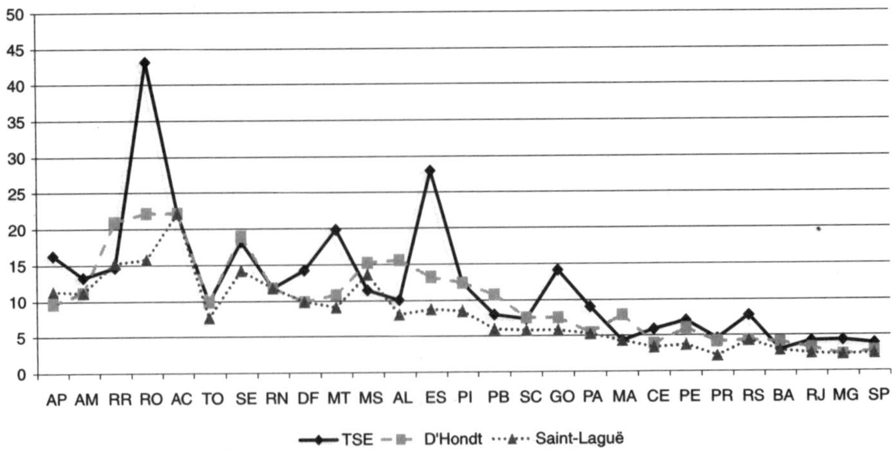

Em 1990, a maioria dos estados (16) apresenta resultados mais proporcionais (IDs menores, linha pontilhada no gráfico) com a regra Saint-Laguë (+ cadeiras em proporção aos votos do partido), em comparação com os dois outros métodos.

No Distrito Federal e em quatro estados (Amazonas, Acre, Rio Grande do Norte e Minas Gerais), não há diferença na proporcionalidade quando são adotados o método D'Hondt ou a regra Saint-Laguë (+ cadeiras em proporção aos votos do partido).

Em 15 estados, a regra do TSE é a mais desproporcional (linha sólida no gráfico). Uma possível explicação é que a simulação (segunda e terceira colunas; linhas tracejadas e pontilhadas no gráfico) exclui os votos brancos e nulos do cálculo dos votos válidos (na vida real, os votos brancos e nulos foram incluídos no cálculo dos válidos tanto em 1990 quanto em 1994).

No Rio Grande do Norte, não há diferença em relação aos três métodos empregados.

A próxima análise é a de 1994. As mesmas informações são relatadas no Gráfico 7.7.

Tabela 7.13 Índice de Desproporcionalidade de Gallagher – Nível Estadual com Coligações Eleitorais mais Métodos Variados, Câmara dos Deputados (1994)

Estado	TSE (com Coligações)	Coligações + D'Hondt + cadeiras em proporção aos votos do partido	Coligações + Saint-Laguë + cadeiras em proporção aos votos do partido
AP	19,22	14,99	10,41
AM	13,29	13,29	7,98
RR	7,17	13,40	12,14
RO	16,19	19,40	12,81
AC	12,07	15,43	12,07
TO	12,05	12,22	8,26
SE	13,96	12,79	8,95
RN	14,50	14,50	8,41
DF	10,95	10,82	10,82
MT	15,07	10,08	7,28
MS	9,97	15,62	10,21
AL	11,91	7,92	8,58
ES	5,22	5,22	5,22
PI	11,16	11,16	11,16
PB	8,53	13,74	8,53
SC	4,09	4,09	4,09
GO	6,31	7,74	5,52

Estado	TSE (com Coligações)	Coligações + D'Hondt + cadeiras em proporção aos votos do partido	Coligações + Saint-Laguë + cadeiras em proporção aos votos do partido
PA	5,80	5,42	5,42
MA	9,34	7,54	4,81
CE	4,21	5,24	4,01
PE	4,60	7,72	4,45
PR	6,41	3,12	2,22
RS	2,88	4,06	2,88
BA	5,96	4,13	2,64
RJ	5,81	4,41	3,61
MG	5,86	2,11	1,97
SP	2,39	2,24	1,71

Fonte: Cálculos efetuados com dados recebidos do TSE.

Gráfico 7.7 Índice de Desproporcionalidade de Gallagher – Nível Estadual com Coligações Eleitorais mais Métodos Variados, Câmara dos Deputados (1994)

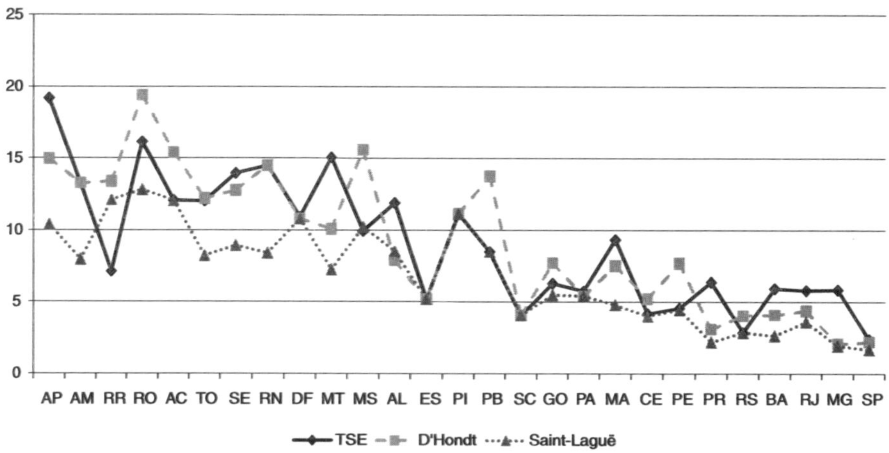

Em 1994, a maioria dos estados (16) apresenta resultados mais proporcionais (IDs menores, linha pontilhada no gráfico) com a regra Saint-Laguë (+ cadeiras em proporção aos votos do partido), em comparação com os outros dois métodos.

No Distrito Federal e em quatro estados (Espírito Santo, Piauí, Santa Catarina e Pará), não há diferença na proporcionalidade quando são adotados o método D'Hondt ou a regra Saint-Laguë (+ assentos em proporção aos votos do partido).

Em 11 estados, a regra do TSE é novamente a mais desproporcional (linha sólida no gráfico). Como a simulação (segunda e terceira colunas, linhas tracejadas e pontilhadas no gráfico) excluiu os votos brancos e nulos do cálculo dos votos válidos, isso contribuiu para quocientes eleitorais relativamente menores do que a regra do TSE.

No Espírito Santo, no Piauí e em Santa Catarina não existem diferenças na proporcionalidade.

A seguir, a análise para 1998.

Tabela 7.14 Índice de Desproporcionalidade de Gallagher – Nível Estadual com Coligações Eleitorais mais Métodos Variados, Câmara dos Deputados (1998)

Estado	TSE (com Coligações)	Coligações + D'Hondt + cadeiras em proporção aos votos do partido	Coligações + Saint-Laguë + cadeiras em proporção aos votos do partido
AP	21,01	16,22	14,92
AM	10,38	10,38	10,38
RR	9,21	9,21	9,21
RO	16,61	13,81	11,96
AC	7,27	11,68	6,40
TO	9,01	5,01	5,01
SE	10,49	12,62	10,49
RN	15,36	15,36	12,11
DF	8,86	13,84	8,86
MT	8,63	7,24	7,24
MS	12,60	10,10	8,19
AL	10,08	10,52	10,52
ES	15,74	13,89	8,31
PI	9,38	9,38	4,21
PB	8,76	9,47	4,91
SC	4,64	5,62	4,64
GO	4,49	8,33	4,22
PA	5,28	5,28	5,28
MA	6,36	10,30	6,36
CE	10,02	6,60	3,37
PE	8,14	6,14	4,18
PR	6,17	4,00	4,00
RS	1,80	4,63	1,80
BA	4,66	4,81	2,72
RJ	4,70	5,57	3,26
MG	4,93	3,65	2,78
SP	2,31	2,67	1,93

Fonte: Cálculos efetuados com dados recebidos do TSE.

Gráfico 7.8 Índice de Desproporcionalidade de Gallagher – Nível Estadual com Coligações Eleitorais mais Métodos Variados, Câmara dos Deputados (1998)

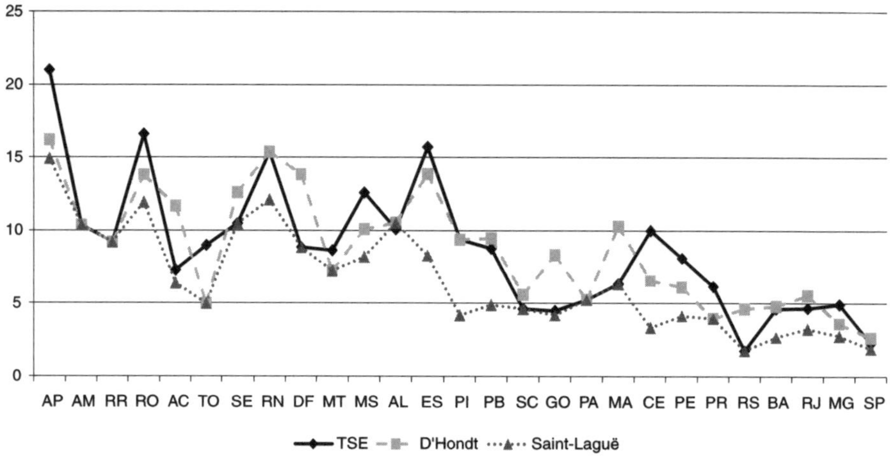

A partir de 1998, menos estados (15 em 1998) apresentam resultados mais proporcionais (IDs menores, linha pontilhada no gráfico) com a regra Saint-Laguë (+ cadeiras em proporção aos votos do partido), em comparação aos outros dois métodos.

Em sete estados (Amazonas, Roraima, Tocantins, Mato Grosso, Alagoas, Pará e Paraná), não há diferença na proporcionalidade quando são aplicados o método D'Hondt ou a regra Saint-Laguë (+ assentos em proporção aos votos do partido).

Em 10 estados, a regra do TSE é a mais desproporcional (linha sólida no gráfico).

No Amazonas e em Roraima, não há diferença na proporcionalidade quando os três métodos são usados (TSE, D'Hondt ou Saint-Laguë + cadeiras em proporção aos votos do partido).

A seguir, a análise para 2002.

Tabela 7.15 Índice de Desproporcionalidade de Gallagher – Nível Estadual com Coligações Eleitorais mais Métodos Variados, Câmara dos Deputados (2002)

Estado	TSE (com Coligações)	Coligações + D'Hondt + cadeiras em proporção aos votos do partido	Coligações + Saint-Laguë + cadeiras em proporção aos votos do partido
AP	15,67	16,67	11,16
AM	12,80	8,33	8,33
RR	13,68	8,71	8,71

Estado	TSE (com Coligações)	Coligações + D'Hondt + cadeiras em proporção aos votos do partido	Coligações + Saint-Laguë + cadeiras em proporção aos votos do partido
RO	12,56	9,84	9,84
AC	14,03	14,03	14,03
TO	9,89	13,14	9,89
SE	13,71	22,10	13,66
RN	9,38	9,38	9,38
DF	18,27	11,43	7,19
MT	8,75	8,75	8,75
MS	12,56	11,63	11,63
AL	11,61	12,46	9,18
ES	11,39	11,64	11,64
PI	9,03	8,30	8,30
PB	8,17	10,33	7,28
SC	9,51	7,27	7,27
GO	5,29	7,21	5,29
PA	4,37	4,37	4,37
MA	8,13	5,79	4,17
CE	7,09	7,64	4,54
PE	5,61	4,32	3,88
PR	6,28	5,16	5,16
RS	2,08	2,08	2,08
BA	5,91	6,38	4,57
RJ	4,55	3,07	3,02
MG	3,36	3,38	2,75
SP	3,90	2,84	1,84

Fonte: Cálculos efetuados com dados recebidos do TSE.

Gráfico 7.9 Índice de Desproporcionalidade de Gallagher – Nível Estadual com Coligações Eleitorais mais Métodos Variados, Câmara dos Deputados (2002)

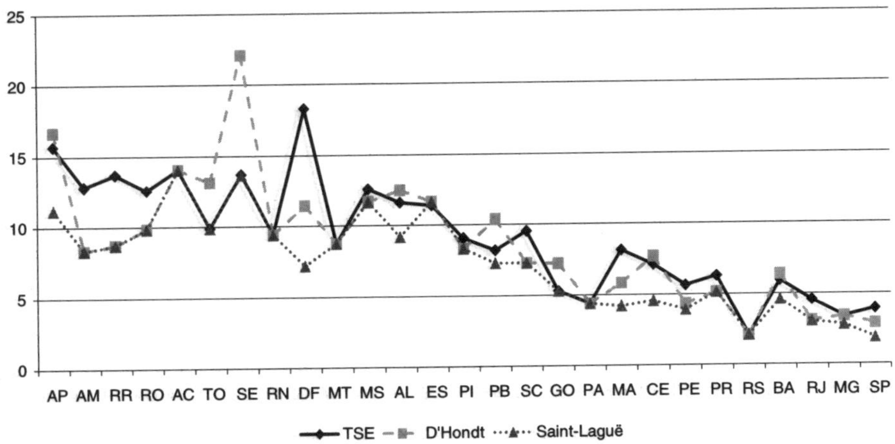

Em 2002, 12 estados apresentam resultados mais proporcionais (IDs menores, linha pontilhada no gráfico) com a regra Saint-Laguë (+ cadeiras em proporção aos votos do partido), em comparação com os dois outros métodos. Em 13 estados, não há diferença na proporcionalidade quando são aplicados o método D'Hondt ou a regra Saint-Laguë (+ assentos em proporção aos votos do partido).

Em 12 estados, a regra do TSE é a mais desproporcional (linha sólida no gráfico).

No Rio Grande do Sul, Pará, Mato Grosso, Rio Grande do Norte e Acre não há diferença na proporcionalidade quando os três métodos são usados.

Em seguida, a análise para 2006.

Tabela 7.16 Índice de Desproporcionalidade de Gallagher – Nível Estadual com Coligações Eleitorais mais Métodos Variados, Câmara dos Deputados (2006)

Estado	TSE (com Coligações)	Coligações + D'Hondt + cadeiras em proporção aos votos dos partidos	Coligações + Saint-Laguë + cadeiras em proporção aos votos dos partidos
AP	9,97	12,43	8,87
AM	10,19	12,69	10,19
RR	12,77	12,77	12,27
RO	11,17	11,09	11,09
AC	14,65	10,21	10,21
TO	15,90	12,38	12,29
SE	10,74	10,74	10,74
RN	6,64	9,16	6,64
DF	10,81	18,35	10,93
MT	12,49	7,81	7,81
MS	8,39	13,80	8,39
AL	15,58	12,87	8,61
ES	14,12	11,63	7,36
PI	6,79	6,79	8,64
PB	7,63	8,06	8,06
SC	6,87	8,67	7,94
GO	6,29	5,70	5,70
PA	8,07	9,15	8,07
MA	5,21	6,68	5,21
CE	12,36	8,54	4,24
PE	5,07	5,86	4,87
PR	7,00	4,31	3,98
RS	4,23	4,07	3,04
BA	5,00	4,63	3,34
RJ	5,05	3,49	2,55
MG	4,33	3,45	2,07
SP	3,72	2,33	1,61

Fonte: Cálculos efetuados com dados recebidos do TSE.

Gráfico 7.10 Índice de Desproporcionalidade de Gallagher – Nível Estadual com Coligações Eleitorais mais Métodos Variados, Câmara dos Deputados (2006)

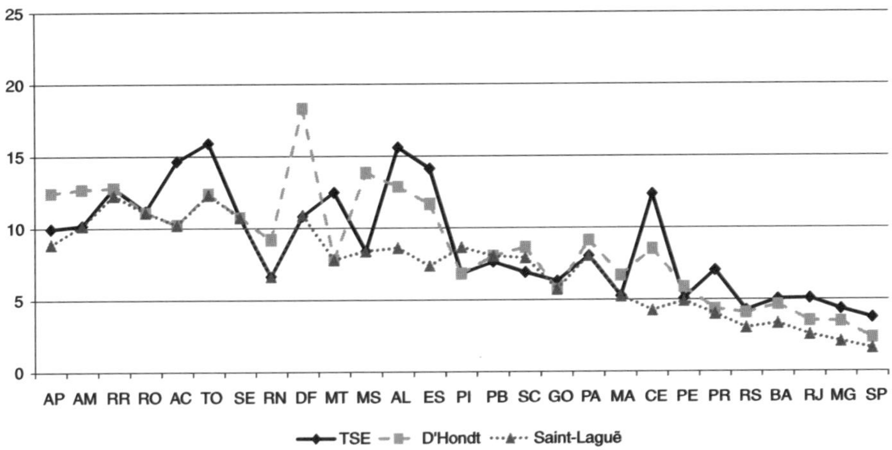

Em 2006, 11 estados apresentaram resultados mais proporcionais (IDs menores, linha pontilhada no gráfico) com a regra Saint-Laguë (+ cadeiras em proporção aos votos do partido), em comparação com os dois outros métodos.

Em cinco estados, não há diferença na proporcionalidade quando são aplicados o método D'Hondt ou a regra Saint-Laguë (+ assentos em proporção aos votos do partido).

Em 13 estados, a regra do TSE é a mais desproporcional (linha sólida no gráfico).

Em Sergipe, não há diferença na proporcionalidade quando os três métodos são usados.

No geral, os dados mostram que a regra Saint-Laguë (+ assentos em proporção aos votos do partido) tende a apresentar IDs menores quanto maior for o "pagamento" que os partidos precisam fazer para participar da distribuição de cadeiras. A partir de 1998, com quocientes eleitorais relativamente menores, o número de votos desperdiçados diminui, aumentando assim a proporcionalidade.

CONCLUSÃO

A partir da generalização de que todos os sistemas eleitorais obtêm menos proporcionalidade do que o ideal e matematicamente possível (Lijphart, 1984), este capítulo mostrou que as coligações eleitorais contribuem para resultados mais proporcionais no Brasil. Assim, as tentativas de reforma política talvez precisem ser relativamente modestas, não proibindo os partidos de participar destas alianças eleitorais. As reformas só precisam garantir que cada partido dentro da coligação eleja representantes como indicado pelo seu próprio capital eleitoral, o que pode ser alcançado por uma mudança relativamente simples na legislação eleitoral: a adoção da lista fechada. Os partidos ainda concentrariam votos para eleger deputados federais (com as coligações), mas os votos contariam em separado para a eleição dos representantes – em proporção aos votos de cada partido.

Além disso, vimos que a fórmula que produziria resultados mais proporcionais no Brasil é a de Saint-Laguë – como indicado pela literatura analisada neste livro e pela análise empírica. No entanto, uma mudança significativa na legislação eleitoral contribuiu para resultados mais proporcionais a partir de 1998: os votos nulos e brancos foram excluídos dos válidos no cálculo do quociente eleitoral, tornando mais fácil para um partido ter seus votos levados em conta na eleição de deputados federais.

Os resultados eleitorais também ficam mais longe da proporcionalidade por causa da sub-representação e da sobrerrepresentação das cadeiras, pela manipulação da magnitude dos estados (na Câmara dos Deputados, 11 estados pequenos elegem o mínimo, 8 deputados federais, enquanto um estado grande elege o máximo, 70 deputados federais). É dificílimo abordar este assunto em um país como o Brasil, onde os estados apresentam enormes variações de extensão geográfica. Apenas uma emenda constitucional poderia resolver este tema (por exemplo, dividindo o país em áreas eleitorais – e não em estados eleitorais –, cada um dos quais teria o mesmo número de representantes na Câmara). Esta tentativa, no entanto, seria provavelmente derrubada no Senado, onde cada estado tem três assentos legislativos. Para emendar a Constituição, é necessário garantir a aprovação de 3/5 dos senadores (49 membros), e os 11 estados que elegem 8 deputados federais na Câmara têm ao todo 33 senadores. Em outras palavras, com 33 senadores votando contra, nenhuma emenda constitucional passaria. Os estados que mais se beneficiam da sub-representação/sobrerrepresentação poderiam bloquear a reforma, não importa o quão lógico fazer mudanças seja na teoria.

CAPÍTULO 8

Considerações Finais

A questão central abordada neste livro é por que os partidos políticos têm escolhido tão frequentemente formar alianças eleitorais sob o presidencialismo brasileiro. Em todos os anos eleitorais (1990-2006), mais de 70% dos partidos participaram de coligações, portanto concentrando votos para a Câmara dos Deputados. Este livro demonstrou não só que os cartéis eleitorais são parte fundamental do Brasil, como também que seus efeitos sobre os resultados eleitorais são significativos (as coligações raramente dão errado, na forma de nenhuma cadeira legislativa). Também mostrei como os atores políticos manipularam e interagiram com as regras institucionais que, por sua vez, foram criadas pela própria classe política.

Como visto no Capítulo 4, dado o elevado percentual de partidos que formam alianças nas eleições proporcionais, não causa espanto meu modelo empírico ter se desempenhado mal ao tentar explicar as circunstâncias nas quais um partido *não* participaria de coligação para deputado federal (1,16% em 1990; 0,97% em 1994; 27,7% em 1998; 31,21% em 2002; e 37,84% em 2006). Em outras palavras, uma das conclusões deste livro é que os cartéis eleitorais no Brasil não são a exceção, mas a regra.

Os líderes políticos entram em alianças nas eleições proporcionais para fazer seus votos contarem. Como a fórmula eleitoral (método D'Hondt) tende a favorecer os partidos maiores, os políticos preferem reunir votos em coligações para atingir o quociente eleitoral (o percentual de votos necessário para que um partido participe da distribuição de cadeiras).

Principalmente em magnitudes distritais menores, dado o número mínimo de oito cadeiras no Brasil, é mais difícil atingir o quociente eleitoral. Por isso, os partidos menores não têm outra escolha a não ser participar de coligações para ver seus votos contarem na eleição de deputados federais. No entanto, os partidos participaram de coligações eleitorais com mais frequência em 1998, mesmo em magnitudes distritais maiores. Uma explicação possível é que a verticalização "ajudou" os partidos a se concentrar na corrida eleitoral do estado. A verticalização acirrou a competição em 2002 e 2006; em magnitudes distritais menores, os partidos em geral não poderiam correr o risco de *não* participar de cartéis eleitorais para eleger representantes.

Magnitudes distritais menores também tendem a ser relativamente menos desenvolvidas. Como explorado nos Capítulos 3 e 4, isso indica que, onde os eleitores têm acesso limitado à informação (níveis mais baixos de escolaridade e exposição à mídia, por exemplo), os políticos tendem a se sentir mais livres para participar de coligações eleitorais. É possível que nos distritos com IDHs (Índice de Desenvolvimento Humano) altos, os brasileiros com mais escolaridade sejam reticentes em aceitar acordos de concentração de votos que pareçam frágeis, já que essas alianças eleitorais não serão necessariamente mantidas após a eleição.

Em relação à variável ideologia partidária, o sinal negativo em 1994 e 2006 não corrobora a hipótese de que o movimento da esquerda/partidos mais "intensos" para a direita/partidos menos "intensos" na escala ideológica aumenta a probabilidade de adesão às coligações. É exatamente o oposto. No entanto, em 1990, o único ano com sinal positivo, da esquerda/partidos mais "intensos" para a direita/partidos menos "intensos" na escala ideológica, a probabilidade de entrar em um cartel eleitoral aumenta, como esperado. Para entender os resultados sobre ideologia partidária, explico primeiro os resultados sobre o tamanho do partido e para a variável GOV; em seguida, relaciono-os com os resultados de ideologia.

As variáveis tamanho do partido e GOV aparecem como explicações fortes para a formação de coligações nas eleições proporcionais. Os partidos menores se abstêm de lançar seus próprios candidatos a governador (GOV = 0) para garantir a ajuda dos maiores (GOV = 1) nas coligações para a Câmara dos

Deputados. Dessa forma, os partidos pequenos garantem que vão atingir o quociente eleitoral no estado para eleger deputados federais. Os partidos grandes (GOV = 1) recompensam a ajuda dos menores na disputa majoritária simultânea para governador participando de coligações com estas legendas menores nas eleições para o Congresso. Os resultados são consistentes ao longo dos anos eleitorais, com exceção de 1990 e 1994 (os resultados de 1990 podem estar enviesados, já que 68,2% dos casos não foram incluídos na análise).

Em suma, os partidos maiores tendem a entrar em coligações na disputa proporcional com mais frequência quando têm candidato na corrida simultânea majoritária, no estado. Ao contrário, os partidos sem candidato a governador tendem a participar de alianças nas eleições proporcionais em alto grau e *independentemente* do tamanho do partido.

A análise empírica no Capítulo 4 também sugere que os partidos nanicos (tamanho < 1%) podem achar vantajoso investir na corrida majoritária do estado (GOV = 1) à custa de eleger deputados federais. Como estas legendas nanicas optam por não participar de alianças para governador, as chances de terem apoio em troca – em coligações para deputado federal – são mínimas.

A constatação acima – de que os partidos nanicos podem dificultar os acordos de coligação no estado porque preferem promover nomes para governador (embora com pouca chance de vitória) – está ligada aos resultados da variável ideologia. Em outras palavras, os partidos menores se encaixam nos resultados da análise de regressão – de que os partidos à direita/menos "intensos" são menos interessados em fazer alianças para a Câmara. Estes partidos efêmeros são criados exclusivamente para satisfazer os desejos de políticos locais poderosos, que almejam obter um cargo público nacional, sendo o caso mais notório o do PRN (Partido da Reconstrução Nacional), criado pelo alagoano Fernando Collor de Mello somente para viabilizar sua candidatura à presidência. Em 1989, na primeira eleição direta para presidente e com pouquíssima experiência política, Collor disputou a eleição contra o ex-metalúrgico Lula (PT) e foi eleito presidente no segundo turno.

Como expliquei aqui, a formação de coligações eleitorais não pode ser totalmente explicada endogenamente. Meus modelos demonstram que a eleição simultânea majoritária para governador "organiza" a disputa no estado. Os grandes partidos com candidato a governador tendem a ajudar as legendas menores a conseguir representação na câmara baixa. Em troca, como o tempo no horário eleitoral gratuito depende do tamanho do cartel eleitoral, os partidos menores emprestam horário na mídia para as campanhas dos candidatos a governador (Lavareda, 1991; Nicolau, 1996). No estado, os líderes políticos incluem parceiros na aliança eleitoral sem se exceder em número, de forma que não tenham que dividir os ganhos eleitorais (horário gratuito na mídia e cadeiras na Câmara) com muitos partidos/candidatos.

A constatação de que a eleição majoritária para governador afeta significativamente a eleição proporcional para deputado federal reforça a ideia de Tip O'Neil, Presidente da Câmara dos Estados Unidos (1977-1987): "Toda política é local." Na realidade brasileira, os políticos também não podem se dar ao luxo de ficar longe de seus eleitores. Os congressistas brasileiros precisam constantemente viajar de Brasília para seus estados para fazer campanha ao lado do governador/futuro candidato a governador, maximizando, assim, suas chances de reeleição.

Sob a verticalização – decisão judicial que restringiu as possibilidades de coligação, alterando o cenário eleitoral – sugeri o estudo de coligações eleitorais "minimamente vitoriosas" (Riker, 1962), ou seja, coligações com número enxuto de parceiros, somente aqueles indispensáveis para vencer. Como a verticalização em tese aumentou os custos de ter aliados eleitorais, pois a aliança presidencial teria que ser replicada em escala, investiguei a hipótese de que a lógica minimamente vitoriosa seria ainda mais pronunciada. Os políticos procurariam apenas aqueles parceiros que considerassem decisivos para a coligação: os partidos que pudessem agregar ganhos nas eleições para presidente, governador e deputado federal. Mais participantes na coligação significam mais tempo gratuito na TV e no rádio para campanha, mas os partidos não adicionariam muitos parceiros porque mais membros na aliança também significam mais concorrentes na coligação para deputado federal (dentro da coligação para a Câmara, a lista aberta pressupõe que os candidatos com mais votos individuais serão eleitos).

Nessa linha, Krause e Godoi (2010) analisaram as eleições majoritárias para governador *sem* considerar o impacto da verticalização e concluíram que as eleições de 2002 e 2006 são exceções: os partidos decidiram com mais frequência lançar sozinhos candidato a governador. Isso corrobora o argumento desenvolvido nos Capítulos 5 e 6, segundo o qual a verticalização restringiu os partidos em relação às possibilidades de coligação eleitoral. Marchetti (2010) complementa a ideia: entre entrar em aliança para presidente, de um lado, e manter-se mais próximo de seus eleitores (sem participar de aliança nacional), do outro, a maioria dos partidos optou pela segunda possibilidade. Dessa forma, nos estados foram vistas várias "coligações brancas" [cartéis eleitorais informais, sem implicações legais], cuja finalidade era oferecer apoio e fazer campanha para determinado candidato presidencial naquele estado (Marchetti, 2010).

Como visto nos Capítulos 5 e 6, assim que os líderes políticos se viram restringidos pela verticalização, em 2002, passaram a formar coligações eleitorais minimamente vitoriosas mais vezes. Em 2006, a segunda e última eleição sob a verticalização, houve de fato uma redução no percentual de coligações minimamente vitoriosas (de 59,3% em 2002 para 52,1% em 2006), o que exploro em seguida.

No Capítulo 6, vimos que, devido à expectativa (não atendida) de uma barreira (5% dos votos nacionais, bem como uma porcentagem dos votos em alguns estados) a ser aplicada pela primeira vez nas eleições de 2006, os partidos tiveram menos parceiros disponíveis com quem negociar para entrar em coligações. Em outras palavras, é possível que a incerteza no que diz respeito a uma nova variável no cálculo eleitoral tenha complicado as negociações. Na verdade, devido à exigência da cláusula de barreira, várias legendas pequenas – todas de partidos de direita ou ideologicamente menos "intensos" – anunciaram ou efetivamente decidiram se fundir para formar legendas maiores e sobreviver. Como exemplos, o PT do B (Partido Trabalhista do Brasil) se fundiu com o PL (Partido Liberal) e o PRONA (Partido da Reedificação da Ordem Nacional); e o PTB (Partido Trabalhista Brasileiro) se fundiu com o PAN (Partido dos Aposentados da Nação). No entanto, após as eleições, o Supremo Tribunal Federal declarou a cláusula de barreira inconstitucional, invalidando sua aplicação.

Sob a verticalização, os líderes políticos desistiram de participar de cartéis eleitorais com aliados ideologicamente ideais porque, na prática, o estado orientou as alianças para presidente – e não o contrário. Em outras palavras, na corrida proporcional, o objetivo era atingir o quociente eleitoral do estado com o parceiro disponível. A prioridade foi, acima de tudo, sobreviver eleitoralmente – e não a ideologia.

Da mesma forma, na eleição majoritária simultânea para governador, os partidos estimaram os retornos eleitorais inerentes à expansão do número de parceiros (significa ter mais concorrentes também dentro da coligação para a Câmara dos Deputados). Ou seja, nas eleições para deputado federal e governador, os partidos tiveram incentivos para se concentrar em aliados fundamentais para a vitória, à custa da ideologia. Nesse sentido, os líderes partidários brasileiros se encaixam na famosa descrição de Schumpeter (1976) sobre democracia como método para vencer eleições, onde candidatos ganham eleições para fazer política, e não o contrário. Seguindo Schumpeter, a política é uma carreira e os políticos competem agressivamente pelo voto do povo.

As coligações eleitorais minimamente vitoriosas ficaram menos ideologicamente consistentes sob a verticalização, mas isso não se traduz em alianças eleitorais aleatórias, como Ames (2001) e Samuels (2000a, 2000b, e 20003) sugerem. No Capítulo 6, vimos que, com exceção de 1998 (47,7% de coligações minimamente vitoriosas), mais de 50% das coligações para deputado federal preenchem o critério minimamente vitorioso, e os dados mostram claramente que os cartéis eleitorais são ideologicamente semelhantes. Ou seja, os partidos brasileiros levam a ideologia em consideração ao avaliar potenciais aliados para a Câmara.

Uma vez que a verticalização só esteve em vigência por duas eleições consecutivas (2002-2006), não é possível verificar os efeitos permanentes desta decisão. Porém, em 2010, os partidos fizeram coligações para presidente com mais frequência, já que a aliança para presidente era independente de outros acordos coligacionistas, nos estados. Em comparação com os anos sob a verticalização, em 2010, o número de candidatos presidenciais foi maior (nove em 2010, sete em 2006 e seis em 2002). A explicação é que, em 2010, os partidos nos estados não estavam mais "amarrados" aos cartéis eleitorais no nível nacional. Logo, os líderes políticos aderiram às coligações eleitorais que queriam para presidente.

Além disso, em comparação com 2002-2006, em 2010 as alianças para presidente (PT *versus* PSDB) foram maiores: o PT/PMDB/PDT/PSB/PR/PCdoB/PRB/PTN/PSC/PTC de Lula *versus* o PSDB/DEM/PPS/PTB de Serra. Em outras palavras, em 2010, *sem* a verticalização, os líderes partidários não tiveram receio de se comprometer no nível nacional.

No Capítulo 7, analisei os cartéis eleitorais como variáveis independentes – e não variáveis dependentes, como nos capítulos anteriores – concentrando nos efeitos das coligações sobre os sistemas eleitoral e partidário. Primeiro, mostrei que as alianças diminuem a desproporcionalidade do sistema eleitoral brasileiro, aumentando, assim, a fragmentação legislativa. O número efetivo de partidos tende a ser menor quando as coligações eleitorais *não* são opção para os políticos – já que nem todos os partidos são capazes de atingir o quociente eleitoral e ter direito à distribuição de cadeiras no Congresso. A variação percentual máxima no número efetivo de partidos ocorreu em 2006: 19,2% (de 9,29 para 7,51 partidos se os cartéis eleitorais fossem proibidos). A variação percentual mínima no número efetivo de partidos ocorreu em 1990: 6,9% (de 8,69 para 8,09 partidos se os cartéis eleitorais fossem proibidos).

Como as coligações eleitorais "ajustam" o sistema eleitoral proporcional em direção à meta, ou seja, na direção de resultados mais proporcionais, essas alianças talvez devessem ser mantidas. Vimos que magnitudes distritais menores (oito é a quantidade mínima de cadeiras legislativas) dependem das coligações como "válvulas de escape" para a desproporcionalidade. O Capítulo 7 mostrou que, em São Paulo, com um total de 70 cadeiras na Câmara (o número máximo na Constituição), os efeitos da proibição dos cartéis eleitorais sobre a proporcionalidade são relativamente leves, uma vez que um percentual menor do voto nacional é necessário para eleger deputados federais.

No entanto, uma reforma plausível seria manter os votos de cada partido separados dentro da coligação eleitoral. Em outras palavras, em vez da lista aberta usada no Brasil, que favorece candidatos em detrimento de partidos, a lista fechada (na qual os eleitores não optam por candidatos individuais) poderia ser adotada. Dessa forma, cada partido elegeria deputados federais em proporção aos seus votos dentro da aliança. Além disso, é claro, os votos não migrariam de um partido para outro dentro da coligação eleitoral.

A adoção da lista fechada no Brasil também diminuiria os incentivos dos partidos para incluir na lista personalidades populares não envolvidas com política partidária. Com a lista aberta, como o número total de votos do partido depende de cada voto de legenda mais os votos dos candidatos, os incentivos para incluir "puxadores de votos" são muito fortes, em detrimento do desenvolvimento de um partido mais programático (Nicolau, 1999).

Se o propósito dos engenheiros institucionais é tornar os resultados eleitorais ideal e matematicamente proporcionais, a fórmula D'Hondt (usada para alocar cadeiras legislativas) poderia ser alterada para a regra Saint-Laguë que, como demonstrei no Capítulo 7, diminui o bônus do partido grande. Seguindo Blondel (1969), a regra Saint-Laguë é a segunda fórmula mais proporcional, sendo a primeira o Voto Único Transferível. A fórmula D'Hondt vem em terceiro lugar.

Com exceção da proposta de lista fechada, as sugestões normativas citadas anteriormente para melhorar a proporcionalidade são novas no Brasil. Na verdade, no discurso da "reforma política", os líderes políticos vêm discutindo o oposto: como diminuir o número de partidos representados no Congresso. Como exemplos, os deputados Adhemar de Barros Filho (PPB/SP) e Jaime Martins (PL/MG) apresentaram dois projetos de lei diferentes para mudar o método da eleição de deputados federais. Em 1995, inspirado pela regra eleitoral alemã, Barros sugeriu um sistema misto – metade majoritário, metade proporcional. Em 2003, Martins queria o sistema majoritário puro para eleger congressistas. Nenhum dos projetos sequer chegou ao plenário para votação (Soares e Rennó, 2006).

Em 2003, encorajada por um novo presidente envolvido no assunto (Deputado João Paulo Cunha – PT/SP), a Câmara dos Deputados criou uma comissão para estudar mais de 60 projetos de reforma política. A Comissão especial propôs a adoção da lista fechada nas eleições proporcionais, e as coligações seriam permitidas apenas nas eleições majoritárias. O texto também proibia as doações privadas para campanhas políticas, que deveriam ser financiadas exclusivamente com dinheiro público. Não causa surpresa o fato de o projeto nunca ter sido posto em votação.

Enfim, a reforma política *não* deveria ter por objetivo a redução do número de partidos representados no Congresso. Isso porque 1) esta reforma não é realista, sendo extremamente improvável, e 2) o Brasil tem bons níveis de governabilidade,[1] mesmo com um Congresso fragmentado. Em essência, a governabilidade é resultado de amplos poderes presidenciais e regras legislativas que concentram a autoridade nas mãos de poucos líderes e fazem valer a "reverência" em relação ao executivo, equilibrando, assim, o impacto da arena eleitoral sobre as decisões do Congresso (Limongi e Figueiredo, 2000 e 2006).

Além disso, os resultados eleitorais também se desviam da proporcionalidade por causa da sub-representação e da sobrerrepresentação de cadeiras na Câmara dos Deputados. Mas as chances de mudar esse aspecto por meio de emenda constitucional – que exige maioria qualificada – são praticamente

---

[1] Para Limongi e Figueiredo (2000 e 2006), a governabilidade é definida como a capacidade do executivo de definir a agenda política e implementá-la. Em outras palavras, a governabilidade é um aspecto do poder presidencial.

nulas. Os estados que mais se beneficiam da sub-representação e da sobrerrepresentação podem bloquear a reforma no Senado, onde cada estado tem três senadores.

Em vez disso, a reforma política deveria se concentrar em melhorar o sistema existente de RP, eliminando suas distorções atuais, como a migração de votos dentro das coligações eleitorais. Tais reformas poderiam ser alcançadas por meio da legislação eleitoral (e não com mudanças constitucionais), portanto, sem a exigência de 3/5 dos votos tanto na Câmara como no Senado.

Além disso, essas reformas poderiam abrir caminho para futuras modificações na lei eleitoral que facilitariam a existência de um sistema eficaz de lista fechada, como quotas para mulheres no Congresso e financiamento público de campanha. Tanto as quotas para mulheres quanto o financiamento público, por exemplo, exigem a implementação da lista fechada (a autoridade precisa estar centralizada no partido). Ou seja, estas propostas poderiam ser reformas viáveis, e não ilusões, segundo as regras institucionais vigentes de uma democracia cada vez mais sólida no Brasil.

Referências

Abrucio, Fernando. *Os Barões da Federação.* São Paulo: Hucitec, 1998.

_____ e David Samuels. "Federalism and Democratic Transitions: The 'New' Politics of Governors in Brazil". *Publius: The Journal of Federalism*, Vol. 30, N. 2, 2000.

ACE Project – The Electoral Knowledge Network. Disponível em: http://aceproject.org/

Alisson, Paul D. "Logistic Regression Using the SAS System: Theory and Application". Cary, NC: SAS Institute Inc., 1999.

Ames, Barry. *The Deadlock of Democracy in Brazil.* Michigan: University of Michigan Press, 2001.

Araujo, Pereira e Raile. "Negotiating Democracy: Exchange and Governance in Multiparty Presidential Regimes". Trabalho apresentado em APSA. Washington, D.C., 2010. Disponível em: http://papers.ssrn.com/sol3/Jeljour_results.cfm?nxtres=421&form_name=journalBrowse&journal_id=1621378&Network=no&SortOrder=ab_title&stype=asc&lim=false

Axelrod, Robert. *Conflict of Interest: A Theory of Divergent Goals with Applications to Politics.* Chicago: Markham, 1970.

_____ *The Complexity of Cooperation: Agent-Based Models of Competition and Collaboration*. Princeton: Princeton University Press, 1997.

Barkan, P. D. e Gerard Rushton. "Designing Better Electoral Systems for Emerging Democracies". 2001. Disponível em: http://www.uiowa.edu/~electdis/Alternatives_section2.htm

Blondel, J. *An Introduction to Comparative Government.* Londres: Weidenfeld and Nicholson, 1969.

Braga, Maria do Socorro. "Dinâmica de Coordenação Eleitoral em Regime Presidencialista e Federativo: Determinantes e Conseqüências das Coligações Partidárias no Brasil". In: *Reforma Política: Lições da História Recente*, Soares, Gláucio Ary Dillon e Lucio R. Rennó (orgs.). Rio de Janeiro: FGV, 2006.

Brambor, Thomas, William Roberts Clark e Matt Golder. "Understanding Interaction Models: Improving Empirical Analysis". *Political Analysis*, Vol. 14, N. 1, 2006.

Cameron, Charles M. *Veto Bargaining: Presidents and the Politics of Negative Power.* Cambridge: Cambridge University Press, 2000.

Carey, John e Gina Reinhardt. "State-level Institutional Effects on Legislative Coalition Unity in Brazil". *Legislative Studies Quarterly*, Vol. 29, N. 1, 2004.

Carreirão, Yan de Souza. "Ideologia e Partidos Políticos: Um Estudo sobre Coligações em Santa Catarina." *Opinião Pública*, Vol. 12, N. 1, 2006.

Carstairs, Andrew McLaren. *A Short History of Electoral Systems in Western Europe.* London: George Allen and Unwin, 1980.

Carvalho, Nelson Rojas de. "Representação Política, Sistemas Eleitorais e Partidários: Doutrina e Prática". In: *Sistema Eleitoral Brasileiro: Teoria e Prática*, Lima Junior, Olavo Brasil de (org.) IUPERJ/Rio Fundo, 1989.

Chacon, Vamireh. *História dos Partidos Brasileiros.* Brasília: Editora Universidade de Brasília, 3ª ed. ampliada e atualizada, 1998.

Cox, Gary G. *Making Votes Count.* Cambridge: Cambridge University Press, 1997.

Chua, Vincent C. H. e Dan S. Felsenthal. "Coalition Formation Theories Revisited: An Empirical Investigation of Aumann's Hypothesis". LSE Research Online, 2006. Available at: http://eprints.lse.ac.uk/archive/00000767

Converse, Philip E., Angus Campbell, Warren E. Miller e Donald E. Stokes. *The American Voter.* New York: John Wiley, 1960.

Coppedge, Michael. "Party Systems, Governability, and the Quality of Democracy in Latin America". Trabalho apresentado na conferência da Representation and Democratic Politics in Latin America. Buenos Aires, Argentina, 2001.

Cucolo, Eduardo. "Garotinho Ataca Serra; PSTU e PCO Batem em Lula". Folha de S.Paulo. Folha Online, October 1st, 2002. http://www1.folha.uol.com.br/folha/brasil/ult96u38874.shtml

Desposato, Scott. "Party Switching and Democratization in Brazil". Annual Meeting of the Latin American Studies Association, Guadalajara, 1997.

De Swaan, Abram. *Coalition Theories and Cabinet Formations: A Study of Formal Theories of Coalition Formation Applied to Nine European Parliaments after 1918.* San Francisco: Jossey-Bass, 1973.

Downs, Anthony. *An Economic Theory of Democracy.* New York: Harper and Row, 1957.

Duverger, Maurice. *Political Parties: Their Organization and Activity in the Modern State*. New York: Wiley, 1954.

Fleischer, David V. "A Evolução do Bipartidarismo Brasileiro: 1966-1979". *Revista Brasileira de Estudos Políticos*. Belo Horizonte: UFMG, 2ª edição revista e aumentada, Vol. 1, 1975.

_____ "Financiamento das Campanhas Eleitorais". *Revista de Ciência Política*, Vol. 1, N. 2, 1994.

_____ and Jefferson Dalmoro. "Os Efeitos das Coligações e o Problema da Proporcionalidade: Um Estudo sobre as Eleições de 1994, 1998 e 2002 para a Câmara dos Deputados". In: *Partidos e Coligações Eleitorais no Brasil*, Krause, Silvana e Rogério Schmitt (orgs.). São Paulo: UNESP, 2005.

_____ "A Política de Coligações no Brasil – Antes e Depois da Verticalização: Impactos sobre os Partidos". CEPPAC, N. 6, 2007.

Folha Online. "Para PTB, verticalização estimula desistência de candidatura própria". Andreza Matais, 2006. Disponível em: http://www1folha.uol.com.br/folha/brasil/ult96u79358.shtml

Foweraker, Joe. "Institutional Design, Party Systems, and Governability". *British Journal of Political Science*, Vol. 28, No. 4, 1998.

Freund, Rudolf J. "The Case of the Missing Cell". *The American Statistician*, Vol. 34, N. 2, 1980.

Franklin, Mark N. e Thomas T Mackie. "Reassesing the Importance of Size and Ideology for the Formation of Governing Coalitions in Parliamentary Democracies". *American Journal of Political Science*, Vol. 28, N. 4, 1984.

Gamson, William A. "A Theory of Coalition Formation". *American Sociological Review*, Vol. 26, N. 3, 1961.

Geddes, Barbara. *Politicians' Dilemma: Building State Capacity in Latin America*. Berkeley: University of California Press, 1996.

Gallagher, Michael. "Proportionality, Disproportionality, and Electoral Systems". *Electoral Systems*, Vol. 10, N. 1, 1991.

Göhler, Gerhard. Zusammenfassungen und Folgerungen: Die Institutionelle Konfiguration. In: *Institution – Macht – Repräsentation*, Göhler, Gerhard (org.). Baden-Baden: Nomos, 1997.

Golder, Sona Nadenichek. *The Logic of Pre-Electoral Coalition Formation*. Ohio: The Ohio State University Press, 2006.

Hagopian, Frances and Scott Mainwaring. "Democracy in Brazil: Origins, Problems, Prospects". Working Paper 100, setembro de 1987. Disponível em: http://www.nd.edu/~kellogg/publications/workingpapers/WPS/100.pdf

Héritier, Adrienne. "Institutions, Interests, and Political Choice". In: *Institutions and Political Choice – On the Limits of Rationality*, Czada, Héritier e Keman (orgs.). Amsterdam: Vrije Universiteit Press, 1998.

Hershey, Marjorie R. *Party Politics in America*. New York: Longman, 2007.

Jones, Mark P. *Electoral Laws and the Survival of Presidential Democracies*. Notre Dame: University of Notre Dame Press, 1995.

_____ (a). "Federalism and the Number of Parties in Argentine Congressional Elections". *The Journal of Politics*, Vol. 59, N. 2, 1997.

_____ (b). "Evaluating Argentina's Presidential Democracy: 1983-1995". In: *Presidentialism and Democracy in Latin America*, Mainwaring, Scott e Matthew Shugart (orgs.). Cambridge: Cambridge University Press, 1997.

Jornal Nacional: A Notícia Faz História. Memória Globo. Rio de Janeiro: Jorge Zahar, 2004.

Kinzo, M. D. "Parties and Elections: Brazil's Democratic Experience since 1985". In: *Brazil since 1985: Economy, Polity, and Society*, Kinzo, Maria D'Alva e James Dunkerley (orgs.). University of London: Institute of Latin American Studies, 2003.

_____ "Partidos, Eleições e Democracia no Brasil Pós-1985." *Revista Brasileira de Ciências Sociais*, Vol. 19, N. 54, 2004.

_____ "Os Partidos no Eleitorado: Percepções Públicas e Laços Partidários no Brasil". *Revista Brasileira de Ciências Sociais*, Vol. 20, N. 57, 2005.

Krause, Silvana and Pedro Godoi. "Estratégias Coligacionistas dos Partidos de Esquerda no Brasil: uma Análise das Eleições para Governadores". II Congreso Latinoamericano de Wapor. Peru: Lima, abril de 2009.

_____ "Coligações Eleitorais para os Executivos Estaduais: Padrões e Tendências". In: *Coligações Partidárias na Nova Democracia Brasileira: Perfis e Tendências*, Krause, Humberto Dantas e Luis Felipe Miguel (orgs.). Rio de Janeiro, São Paulo: Konrad-Adenauer, UNESP, 2010.

Lago, Rudolfo. "Prática e Conhecimento." In: *Jornalismo Político: Teoria, História e Técnicas*, Seabra, Roberto e Vivaldo de Sousa (orgs.). Rio de Janeiro/São Paulo: Record, 2006.

Lavareda, Antônio. *A Democracia nas Urnas: O Processo Partidário Eleitoral Brasileiro*. Rio Fundo: IUPERJ, 1991.

Laver, M. J. and Ian Budge. *Party Policy and Government Coalitions*. London: The Macmillan Press, 1992.

Leiserson, Michael. "Coalition Government in Japan". In: *The Study of Coalition Behavior*, Groennings, Kelley e Michael Leiserson (orgs.). New York: Holt, Rinehart and Winston, 1970.

Lessa, Renato. "Presidencialismo com Representação Proporcional ou de Como Evitar a Escolha Trágica entre Governabilidade e Representação". IUPERJ: *Agenda de Políticas Públicas*, N. 2, 1992.

Lijphart, Arendt. *Democracies: Patterns of Majoritarian and Consensus Government in Twenty-One Countries*. New Haven and London: Yale University Press, 1984.

_____ "Degrees of Proportionality of Proportional Representation Formulas". In: *Electoral Laws and Their Political Consequences,* Grofman, Bernard e Arend Lijphart (orgs.). NY: Agathon Press, 1986.

_____ *Electoral Systems and Party Systems: A Study of Twenty-Seven Democracies, 1945-1990.* Oxford: Oxford University Press, 1994.

_____ *Patterns of Democracy: Government Forms and Performance in Thirty-Six Countries.* New Haven: Yale, 1999.

_____ *Modelos de Democracia: Desempenho e Padrões de Governo em 36 Países.* São Paulo: Civilização Brasileira, 2003.

Limongi, Fernando e Argelina Figueiredo. "Partidos Políticos na Câmara dos Deputados: 1989 – 1994". *Dados,* Vol. 38, N. 3, 1995.

_____ "Presidential Power, Legislative Organization, and Party Behavior in Brazil". *Comparative Politics,* Vol. 32, N. 2, 2000.

_____ "Poder de Agenda na Democracia Brasileira: Desempenho do Governo no Presidencialismo Pluripartidário". In: *Reforma Política: Lições da História Recente,* Soares, Glaucio Ary e Lucio Rennó (orgs.). RJ: FGV, 2006.

Linz, Juan J. e Arturo Valenzuela. *The Failure of Presidential Democracy.* Baltimore: John Hopkins, 1994.

Lipset, Seymour M. "Some Social Requisites of Democracy: Economic Development and Political Legitimacy". *The American Political Science Review,* Vol. 53, 1959.

_____ *Political Man: The Social Bases of Politics.* N.Y.: Doubleday/Anchor Books, 1960.

_____ "Social Requisites of Democracy Revisited: 1993 Presidential Address". *American Sociological Review,* Vol. 59, N. 1, 1994.

Lourenço, Luiz Cláudio. "Ativação, Reforço e Cristalização: Pistas sobre os Efeitos do Horário Gratuito de Propaganda Eleitoral". In: *Das Ruas às Urnas: Partidos e Eleições no Brasil Contemporâneo,* Telles, Helcimara de Souza e João Ignácio Lucas (orgs.). Caxias do Sul: Educs, 2003.

Lyne, Mona M. "Parties as Programmatic Agents: A Test of Institutional Theory in Brazil". *Party Politics,* Vol. 11, N. 2, 2005.

Machado, Aline. "A Lógica das Coligações no Brasil." In: *Partidos e Coligações Eleitorais no Brasil,* Krause, Silvana e Rogério Schmitt. São Paulo: UNESP, 2005.

Mainwaring, Scott. "The Transition to Democracy in Brazil". *Journal of Interamerican Studies and World Affairs,* Vol. 28, N. 1, 1986.

_____ "Politicians, Parties, and Electoral Systems". *Comparative Politics,* Vol. 24, N. 1, 1991.

_____ "Brazilian Party Underdevelopment in Comparative Perspective". *Political Science Quarterly,* Vol. 107, N. 4, 1992-1993.

_____ "Presidentialism, Multipartism, and Democracy: The Difficult Combination". *Comparative Political Studies,* Vol. 26, N. 2, 1993.

_____ *Rethinking Party Systems in the Third Wave of Democratization: The Case of Brazil.* Stanford: Stanford University Press, 1999.

_____ and Aníbal Pérez-Liñán. "Party Discipline in the Brazilian Constitutional Congress". *Legislative Studies Quarterly,* Vol. 22, N. 4, 1997.

Mariano, Jefferson. *Introdução à Economia Brasileira.* São Paulo: Saraiva, 2005.

Laakso, Markku and Rein Taagepera. "Effective Number of Parties: A Measure with Application to West Europe". *Comparative Political Studies,* Vol. 12, N. 1, 1979.

Mayhew, David. *Congress: The Electoral Connection.* New Haven: Yale University Press, 1974.

Meyers, L. S., G. Gamst e A. J. Guarino. *Applied Multivariate Research: Design and Interpretation.* California: SAGE Publication, 2006.

Miguel, Luis Felipe e Carlos Machado. "A Delicate Balance: The Dynamics of the Workers' Party Alliances in the Brazilian Municipal Elections (2000 and 2004)". *Dados,* Vol. 50, N. 4, 2007.

Nicolau, Jairo M. "O Sistema Eleitoral Brasileiro: A Questão da Proporcionalidade da Representação Política e seus Determinantes". In: *Sistema Eleitoral Brasileiro: Teoria e Prática,* Lima Junior, Olavo Brasil de (org.). IUPERJ/Rio Fundo, 1989.

_____ *Multipartidarismo e Democracia.* Rio de Janeiro: FGV, 1996.

_____ *Sistemas Eleitorais.* Rio de Janeiro: FGV, 1999.

_____ "Disciplina Partidária e Base Parlamentar na Câmara dos Deputados no Primeiro Governo Fernando Henrique Cardoso (1995-1998)". *Dados,* Vol. 43, N. 4, 2000.

_____ "A Participação Eleitoral no Brasil". Working Paper CBS-26-2002. Oxford: University of Oxford, Centre for Brazilian Studies. Disponível em: http://www.brazil.ox.ac.uk/workingpapers/Nicolau26.pdf

_____ "Dados Eleitorais do Brasil". Disponível em: http://jaironicolau.iuperj.br/jairo2006/port/main_arqnovo-lyout.html

Nohlen, Dieter. *Sistemas Electorales Del Mondo.* Madri: Centro de Estudios Constitucionales, 1981.

_____ *Os Sistemas Eleitorais: O Contexto faz a Diferença.* Lisboa: Livros Horizonte, 2007.

Powell, G. B. *Elections as Instruments of Democracy: Majoritarian and Proportional Visions.* New Haven and London: Yale University Press, 2000.

Power, Timothy J. "Parties, Puppets, and Paradoxes: Changing Attitudes toward Party Institutionalization in Postauthoritarian Brazil". *Party Politics,* Vol. 3, N. 2, 1997.

_____ "The Pen is Mightier than the Congress: Presidential Decree Power in Brazil". In: *Executive Decree Authority,* edited by Carey, John and Matthew Shugart. New York and Cambridge: Cambridge University Press, 1998.

_____ *The Political Right in Postauthoritarian Brazil – Elites, Institutions, and Democratization.* The Pennsylvania State University Press, 2000.

_____ e Marília Mochel. "Political Recruitment in an Executive-Centric System: Presidents, Governors, and Ministers in Brazil". In: *Pathways to Power: Political Recruitment and Candidate Selection in Latin America*, Siavelis, Peter e Scott Morgenstern (orgs.). Penn State University Press, 2008.

Putnam, Robert D. *Making Democracy Work; Civic Traditions in Modern Italy*. Princeton, NJ: Princeton University Press, 1993.

Rae, Douglas. *The Political Consequences of Electoral Laws*. New Haven: Yale University Press, 1967.

Raile, Pereira e Timothy Power. "The Presidential Toolbox: Generating Support in a Multiparty Presidential Regime". Trabalho apresentado em APSA, 2006.

Reynolds, Andrew and Marco Steenbergen. "How the World Votes: The Political Consequences of Ballot Design, Innovation and Manipulation". *Electoral Studies*, Vol. 25, 2006.

Riker, William. H. *The Theory of Political Coalitions*. New Haven: Yale University Press, 1962.

Rubin, Donald B. "Inference and Missing Data". *Biometrika*, Vol. 63, N. 3, 1976.

Saisi, Katia. "Os Sentidos da Mudanca na Campanha Eleitoral 2002". Paper presented at XXVII Congresso Brasileiro de Ciências da Comunicação, 2003.

_____ "The Two-Party System and Duverger's Law: An Essay on the History of Political Science". *American Political Science Review*, Vol. 76, N. 4, 1982.

Samuels, David. "Incentives to Cultivate a Party Vote in Candidate-Centric Electoral Systems". *Comparative Political Studies*, Vol. 32, N. 4, 1999.

_____ (a). "The Gubernatorial Coattails Effect: Federalism and Congressional Elections in Brazil". *The Journal of Politics*, Vol. 62, N. 1, 2000.

_____ (b). "Concurrent Elections, Discordant Results: Presidentialism, Federalism, and Governance in Brazil". *Comparative Politics*, Vol. 33, N. 1, 2000.

_____ "When Does Every Penny Count? Intra-party Competition and Campaign Finance in Brazil". *The Journal of Politics*, Vol. 7, N. 1, 2001.

_____ *Ambition, Federalism, and Legislative Politics in Brazil*. Cambridge: Cambridge University Press, 2003.

_____ e Fernando Abrucio. "Federalism and Democratic Transitions: The 'New' Politics of the Governors in Brazil". *Publius: The Journal of Federalism*, Vol. 30, N. 2, 2000.

_____ e Kevin Lucas. "The Ideological Coherence of the Brazilian Party System". *Journal of Politics in Latin America*, Vol. 2, N. 3, 2010.

Santos, Fabiano. "Partidos e Comissões no Presidencialismo de Coalizão". *Dados*, Vol. 45, N. 2, 2002.

Sartori, Giovanni. "Political Development and Political Engineering". In: *Public Policy*, edited by Montgomery and Hirschmann. Cambridge: Cambridge University Press, 1968.

_____ *Parties and Party Systems: A Framework for Analysis.* Cambridge: Cambridge University Press, 1976.

_____ "The Influence of Electoral Systems: Faulty Laws or Faulty Method?" In: *Electoral Laws and Their Political Consequences,* Grofman e Lijphart (orgs.). Algora Publishing, 1986.

Schmitt, Rogério. "Coligações Eleitorais e Sistema Partidário no Brasil". IUPERJ: Dissertação de PhD não publicada, 1999.

_____, Leandro Piquet Carneiro e Karina Kuschnir. "Estratégias de Campanha no Horário Gratuito de Propaganda Eleitoral em Eleições Proporcionais". *Dados,* Vol. 42, N. 2, 1999.

Schumpeter, Joseph. "Capitalism, Socialism, and Democracy". London: Allen and Unwin, 1976.

Shugart, Matthew S. "The Electoral Cycle and Institutional Sources of Divided Electoral Government". *The American Political Science Review,* Vol. 89, N. 2, 1995.

_____ "Comparative Electoral Systems Research: The Maturation of a Field and a New Challenge Ahead". In: *The Politics of Electoral Systems,* edited by Gallaguer and Mitchell. Oxford: Oxford University Press, 2005.

_____ e John Carey. *Presidents and Assemblies: Constitutional Design and Electoral Dynamics.* Cambridge: Cambridge University Press, 1992.

Shvetsova, Olga. "Endogenous Selection of Institutions and Their Exogenous Effects". *Constitutional Political Economy,* Vol. 14, N. 3, 2003.

Siavelis, Peter M. and Scott Morgenstern. "Political Recruitment and Candidate Selection for the Legislative Branch". In: *Pathways to Power: Political Recruitment and Candidate Selection in Latin America,* edited by Peter M. Siavelis and Scott Morgenstern. The Pennsylvania State University Press, 2008.

Soares, Gláucio Ary Dillon and Lucio R. Rennó. "Projetos de Reforma Política na Câmara dos Deputados". In: *Reforma Política: Lições da História Recente,* Soares e Rennó (orgs.). Rio de Janeiro: FGV, 2006.

Sousa, Vivaldo de. "O Comportamento das Coligações Eleitorais entre 1954-1962: Pleitos Majoritários Coincidentes com Proporcionais." In: *Partidos e Coligações Eleitorais no Brasil,* Krause, Silvana e Rogério Schmitt (orgs.). São Paulo: UNESP, 2005.

_____ "Eleições Brasileiras 2006: Será que o Direito de Reeleição para Governadores e Presidente da República e a Verticalização Afetam as Coligações na Disputa de Cargos Proporcionais?" Trabalho apresentado em BRASA VIII. Nashville: Vanderbilt University, 2006. Disponível em: http://www.brasa.org/BRASAVIII

Straubhaar, Joseph, Organ Olsen e Maria Nunes. "The Brazilian Case:

Influencing the Voter". In: *Television, Politics, and the Transition to Democracy in Latin America,* edited by Skidmore E., Thomas. Washington, D.C.: Woodrow Wilson Center Press, 1993.

Taagepera, Rein e Matthew Shugart. *Seats and Votes: The Effects and Determinants of Electoral Systems*. Yale: Yale University Press, 1989.

Tavares, José A. Giusti. *Sistemas Eleitorais nas Democracias Contemporâneas; Teoria, Instituições, Estratégia*. Rio de Janeiro: Relume-Dumará, 1994.

_____ *Reforma Política e Retrocesso Democrático: Agenda para Reformas Pontuais no Sistema Eleitoral e Partidário Brasileiro*. Porto Alegre: Mercado Aberto, 1998.

Törnudd, Klaus. *The Electoral System of Finland*. London: Hugh Evelyn, 1968.

Tsebelis, George. *Nested Games: Rational Choice in Comparative Politics*. Berkeley: University of California Press, 1990.

Vaz, Lucio. "Governo Libera mais R$ 18,4 mi a Aliados." *Folha de S.Paulo*. Folha Online, May 12th, 2001. Disponível em: http://www1.folha.uol.com.br/folha/brasil/ult96u19710.shtml

Zovatto, Daniel. "Financiamento dos Partidos e Campanhas Eleitorais na América Latina: Uma Análise Comparada". *Opinião Pública*, Vol. 11, N. 2, 2005.

KUNST
GRÁFICA

Este livro foi impresso nas oficinas da
Gráfica Kunst, em Petrópolis/RJ